南京稀见文献丛刊

首都丝织业调查记

（民国）工商部技术厅 编

点校 李 玉

南京出版传媒集团
南京出版社

图书在版编目（CIP）数据

首都丝织业调查记 / 工商部技术厅编 . -- 南京 ：
南京出版社，2023.4

（南京稀见文献丛刊）

ISBN 978-7-5533-4153-8

Ⅰ . ①首… Ⅱ . ①工… Ⅲ . ①丝织物－纺织工业－档
案－史料－南京 Ⅳ . ① F426.81

中国国家版本馆 CIP 数据核字（2023）第 064745 号

丛 书 名：南京稀见文献丛刊
书　　名：首都丝织业调查记
作　　者：（民国）工商部技术厅
出版发行：南京出版传媒集团
　　　　　南 京 出 版 社
　　社址：南京市太平门街 53 号　　　　邮编：210016
　　网址：http://www.njcbs.cn　　　　电子信箱：njcbs1988@163.com
　　联系电话：025-83283893、83283864（营销）　025-83112257（编务）

出 版 人：项晓宁
出 品 人：卢海鸣
责任编辑：程　瑶
装帧设计：王　俊
责任印制：杨福彬

排　　版：南京新华丰制版有限公司
印　　刷：南京工大印务有限公司
开　　本：890 毫米 ×1240 毫米　　1/32
印　　张：3.5
字　　数：60 千
版　　次：2023 年 4 月第 1 版
印　　次：2023 年 6 月第 2 次印刷
书　　号：ISBN 978-7-5533-4153-8
定　　价：30.00 元

总　序

　　南京是我国著名的七大古都之一，又是国务院首批公布的 24 座历史文化名城之一。有将近 2500 年的建城史，约 450 年的建都史，号称"六朝古都""十朝都会"。南京的地方文献是中华历史文化资源的一个重要组成部分，是研究我国政治、经济、军事、文化和民风民俗的重要资料。为了贯彻落实党的十九大精神和习近平新时代中国特色社会主义思想，配合南京的经济发展与城市建设，深度挖掘历史文化资源，做好历史文献整理出版工作，不仅有利于传承、弘扬南京历史文化，提升南京品位，扩大南京影响力，也有利于推动物质文明、政治文明、精神文明、社会文明、生态文明协调发展。

　　长期以来，南京地方文献还没有系统地整理出版过，大量的南京珍贵文献散落在全国各地的图书馆和民间。许多珍贵的南京文献被束之高阁，无人问津，有的随着岁月的流逝而湮没无闻。广大读者想要查找阅读这些散见的地方文献，费时费力，十分不便。为开发和利用好这一祖先留给我们的文化瑰宝，充分发挥其资治、存史、教化、育人功能，南京出版传媒集团(南京出版社)与南京市地方志编纂委员会办公室组织了一批专家和相关人员,致力于搜集整理出版南京历史上稀有的、珍贵的经典文献,并把"南京稀见文献丛刊"精心打造成古都南京的文化品牌和特色名片。为此,我们在内容定位上是全方位、多视角地展示南京文化的深层内涵和丰富魅力;在读者定位上是广大知识分子、各级党政干部以及具有中等以上文化程度的人;在价值定位上,丛书兼顾学术研究、知识普及这两者的价值。这套丛书的版本力求是国内最早最好的版本,点校者力求是南京地方文化方面的专家学者,在装帧设计印刷上也力求高质量。

　　总之,我们力图通过这套丛书的出版,扩大稀见文献的流传范围,让更多的读者能够阅读到这些文献;增加稀见文献的存世数量,保存稀见文献;提升稀见文献的地位,突显稀见文献所具有的正史史料所没有的价值。

"南京稀见文献丛刊"编委会

导　读

　　南京国民政府成立之初，应发展经济之需，多有调查研究之举，其中，孔祥熙执掌的工商部着力尤多，《首都丝织业调查记》即为其调查成果之一。该调查报告于1929年完成，次年付梓，篇幅不长，百余页，数万字。版权页标示，该报告的编辑者为"工商部技术厅"，发行者为"工商部总务司编辑科"，承印者为"南京中华印刷公司"。

　　除了卷首孔祥熙的《弁言》之外，报告正文共分四章，分别是《缎业》《锦缎业》《漳缎业、漳绒业及建绒业》以及《染丝业》，各章篇幅虽详略有差，但结构相仿，大致先叙该业之概况、原料、营业状况、工人与工资、资本情况、行业产值等，再附以详细的统计表。

　　本报告超过三分之二的篇幅为大量行户调查表，统计项目主要包括行号名称、业主姓名、资本规模、工人数量、工资价格、所用织机数量、全年产量、成本与售价，以及市场销路等。在此基础之上，调查者对于该业现状进行了综合检讨，从中可见南京丝织业从辉煌走向衰落的过程及原因。

　　本书不仅是一部较为全面的地方丝织业史料集，而且堪为南京城市经济与社会史研究的重要参考资料。书中不仅呈现了南京丝织业行号的分布地点、产业规模、工人数量、工资水平、机器使用情况，勾画了一幅较为详备的南京丝织产业地图，而且介绍了该业的用工习惯、销售惯例、行业文化等，对于研究南京近代城市生产与生活实态大有裨益。

报告称，南京本地工业"首推缎业"。南京缎业确实名不虚传，"金陵绸缎之美，素驰名于各省"（《金陵织工之美术》，《申报》1910 年 7 月 23 日，第 11 版），被推为"南京之特产"；产品销往国内平、辽、吉、黑、鲁、豫、晋、两湖、两广、滇、蜀等地，出口欧洲，"每年销数不下数百万元"。

丝织业对南京民众的生产与就业产生了重要影响，就调查之时而言，南京缎业虽然辉煌不再，但织缎工人总数仍约有九千五百人；间接服务于此业者，尚不在内。"笼统计之，约一万五千五百余人。而受工人之仰事俯畜者，则又不止此数矣。"而织锦业极盛之时，"机户约二百余家，每家机数由二三张至五六张不等……每年出品总数约值银二百余万两；依此求生活之工人，如织染、绘图、挑花者等等，当有万数千，由知当时之盛况"。

南京丝织工人多居于秣陵关及南城一带，"其尤集中之地，则在南城之东西两隅及北城一带，因其地势高燥，不易受湿，于制缎最为适宜"。织缎业户一般称为机房，织造工人称为机工，"自备丝经制织者，谓之小开机，或曰行蓝；将丝经放于机房，使其代织者，谓之帐房，亦谓之放料；以自有机具，织人家牌子，名曰银庄；自有机具，用人丝经、住人房

2

屋,仅自己织制者,名烧干锅;在市上代缎客买卖者,谓之经纪;在京代外埠购办缎货者,谓之代庄"。可见南京缎业生产、经营方式较为多样。

南京织锦业亦以半工半商性质者居多,一面织造,一面售卖;亦有纯粹进行加工生产之家,代人织造,只得工资,均在家庭工作,"可谓之家庭工艺"。总体而言,"匪特无工厂之组织,亦无专设出售锦缎之商号,以广行销",说明该业重生产而轻销售,专业化市场发育程度有限。

南京丝织业工艺讲究,其经丝须用上等细丝,全数购自浙省海宁硖石、辑里、塘栖等处;纬丝系用肥丝,产地甚多,有采自本地附近各乡及溧水、句容、南通、仪征者,还有采自安徽滁州、来安、泾县、全椒、六安等县者。该业全盛之时,不仅产业链条长,销售范围广,而且对于本地金融市场有一定影响。正如报告中所言:"缎业在每年新丝上市之际,凡有织机二十张以上者,均赴浙江之海宁、硖石等处采办细丝,以备制经之用。斯时,较大帐房或小开机户,与钱庄皆有往来,多则数万元,少则数百元,视其缎号之大小而异。但以一时需用多数现银关系,故每当新丝登场,本市洋厘必有一度之突升。缎业之盛衰,影响于南京之金融者,于此可见。"

但是,曾经"著名于世"的南京缎业,至调查之时,"衰微情形可谓已达极点"。孔祥熙在《弁言》中写道:"南京丝织物发明最早,行销极远,数百年来在历史上久占有相当之地位,由创造而至于极盛时代,质地美而产量富,几为全国冠。降至今日，一落千丈，岌岌有难以维持之势，此其故固由环境所压迫，而该业之狃于故习、不审趋势，实为衰落之一大原因。"孔氏笼统道出了南京丝织业衰落的内外原因，在他看来，尤以该业"狃于故习、不审趋势"最为关键。孔氏之断大致基于调查所得，本报告第一章专列一节，分析"缎业失败之原因"，包括七个方面，不外乎产品落后于消费需求、市场供求失衡、盲目跌价倾销、市场环境恶化、国外市场堵塞、洋货冲击日烈、行业税负苛重、产品质量降低、行业信誉低落等。调查者得出结论："缎业困难，受环境之影响固多，有时咎由自取。"这种思路，也大致体现于对于南京锦缎、漳缎、漳绒、建绒各业的分析，虽然学理深度有限，但也不失其客观性。

本书在工业遗产方面的价值不容低估。由于织缎、织锦等业多系家庭手工操作，男织女络，无工厂性质之可言，"可称完全家庭工业"，操作规范与工艺流程多为经验传授，不利于研究推广。本次调查，对于各业生产过程、工艺操作、技术要领、质量控制等均有详细描述，有助于对这一传统工艺的记录与整理。例如书中这样介绍织锦与织缎的工艺流程区别："织锦工作，手续纷繁，工人分工，种类亦多，大半于织缎者相同之手续外，还有特别之织法。即用梭织之妙，能成各色花卉、人物。更有妆花配合，颜色竟有十余种之多。织工似别具慧心，一丝不乱，织成各类禽兽、草木、奇异之形，秀雅美丽，惟妙惟肖。"织锦工序分为"丝工""织工"与"附工"三大部，"各等工作工人，不下十七八类，彼此分工合作,锦缎得成"。而漳绒则"为缎地、绒花之织物,应用一种木机,构造较为复杂"。具体而言,"其织造方法,每投三梭,而以铁丝一根横贯其中,为二重织物,成件落机,乃依指定花样,局部雕为绒地;所费手续,雕工与织工约一与四之比,其花样部分之起绒织物,所以别于建绒者也"。这些比较专业的工艺流程记录,对于后人了解南京云绵的产品结构、生产方法与工艺特征无疑具有一些益处。

根据"南京稀见文献丛刊"的编排体例,兹在遵照原文基础之上,进行了标点,对原文校改之处以页下注标出。原文表格为竖排,兹改为横式;原文数处形似表格,实以文字叙述,兹统一改为表格。

点校与导读差错恐在所难免,尚祈读者教正。

李玉

首都絲織業調查記

第一章　緞業

第一節　緞業略史

絲織物總名古謂之帛其質密厚者則名之曰段後人以段爲絲織物故用緞字代之亦物從其類之義

也考緞之製造實始於漢讀張衡美人贈我錦繡段之句冨知其由來久矣迨至有唐貢段製於彭越降

至朱明漳緞造於漳泉並在南京杭州蘇州三處設廠織造各置提督織造官一人淸襲明制改任內

務府人員承辦謂之織造府然催織造袍服及制帛誥敕綵之類以供御用並內廷祭祀大典頒賞之

儒及至雍正末年方製造南京貢緞實爲今日創業之始其名貢緞者因以此緞進貢得名進貢後大都

藏之於庫故亦名曰庫緞乾嘉之間製緞者益衆蘇州累緞杭州花緞應時而興然皆不若南京元緞質

軟而堅光潤而澤後復重加改造精益求精於是閃花摹本之製次第出現矣道咸之際緞貨日衆南京

除貢緞外尙有所謂天鵝絨緞經絨及寧綢宮綢諸新製其營集之地泰半散居四鄉尤以東北之孝陵

衛及南之秣陵關並祿口陶吳橫溪橋等處爲最盛時代厥後洪楊兵起金陵遘當

其術織工流離四散緞業因之蕭條同治初年克復金陵避居江北及裏下河一帶之織工得以復來南

京重整愼鼓緞業由是復興集中之地亦由四鄉遷至城內以南城之東西兩隅爲最占多數光緒十二

年同業復修南城雨花台之雲錦殿改稱雲機公所作爲同業整頓行規集議之地光宣年間又設公所

於城內之三坊巷取其地點介於南城東西兩隅之間便於集會也後因泰西緞東洋緞之時行於該業

一

《首都丝织业调查记》1930年版书影

一　首都緞業調查表

緞號	號主	地址	資本	工人人數	每疋工資	機數	全年出數	每疋成本	每疋售價	銷路
魏廣輿	魏子房	高崗里	三〇〇〇〇元	四〇人	一〇元至二三元	一五〇張	三〇〇〇疋	四五元至七〇元	五五元至八〇元	北平 上海
李久大	李剛臣	小門口	三〇〇〇〇元	八〇人	九元至二三元	一五〇張	三〇〇〇疋	四五元至七五元	五五元至八五元	東北三省
黃錦昌	黃月軒	胭脂巷	三〇〇〇〇元	一〇〇人	一〇元至二三元	二五〇張	三〇〇〇疋	四五元至六五元	五五元至八五元	天津 上海
張茂豐	張成之	磨盤巷	二〇〇〇〇元	八〇人	一〇元至二三元	八〇張	二五〇〇疋	四五元至七〇元	五五元至八五元	北平
賈晉豐	賈鑑西	五間廠	一〇〇〇〇元	一〇〇人	一〇元至二三元	八〇張	三五〇〇疋	四五元至七〇元	五五元至八五元	廣東 東三省
石永隆	石子賓	胭脂巷	一六〇〇〇元	一〇〇人	一〇元至二三元	五〇張	二五〇〇疋	四五元至七〇元	五五元至八五元	北平 漢口
于樸記	于樸安	大夫第	一六〇〇〇元	七〇人	一〇元至二三元	三〇張	一〇〇〇疋	四五元至七〇元	五五元至八五元	北平
張德豐	張文龍	牛市	一六〇〇元	八人	一〇元	六〇張	一三〇〇疋	四五元	五五元	天津 漢口
中興源柳記	李柳塘	鴿子橋	一三〇〇〇元	五〇人	九元	一〇〇張	一二〇〇疋	四五元至四九元	五五元至四四元	北平

《首都丝织业调查记》1930 年版书影

弁　言

　　南京丝织物发明最早，行销极远，数百年来在历史上久占有相当之地位，由创造而至于极盛时代，质地美而产量富，几为全国冠。降至今日，一落千丈，岌岌有难以维持之势，此其故固由环境所压迫，而该业之狃于故习、不审趋势，实为衰落之一大原因。欲图挽救，必先从精确之调查及详密之记载着手，方足以明了状况，逐步改良。溯自南京丝织物发明至今，其工业之概况如何、工人之生活若何，从未有较完善之调查与统计，以资参考而备商榷者。本部有鉴于斯，爰派专员调查状况，汇订成编，以为改进之先导。惟其中或有为调查所未能详尽者，尚当赓续搜集，并望有领导斯业之责者随时补充，用臻完善。至若救济方法，部中已有大体方案，当另刊专帙，以餍阅者。

民国十九年六月　孔祥熙

目　录

第一章　缎业

第一节　缎业略史

丝织物总名,古谓之帛,其质密厚者则名之曰段。后人以段为丝织物,故用"缎"字代之,亦物从其类之义也。

考缎之制造,实始于汉。读张衡"美人赠我锦绣段"之句,当知其由来久矣。迨至有唐,贡段制于彭越。降至朱明,漳缎造于漳泉,并在南京、杭州、苏州三处设厂织造,各置提督织造宦官一人。清袭明制,改任内务府人员承办,谓之织造府。然仅织造袍服,及制帛、诰敕、彩绘之类,以供御用,并内廷祭祀大典颁赏之需。及至雍正末年,方制造南京贡缎,实为今日创业之始。

其名贡缎者,因以此缎进贡得名,进贡后大都藏之于库,故亦名曰库缎。乾嘉之间,制缎者益众,苏州累缎、杭州花缎应时而兴,然皆不若南京元缎质软而坚、光润而泽。后复重加改造,精益求精,于是闪花摹本之制次第出现矣。道咸之际,缎货日兴,南京除贡缎外,尚有所谓天鹅绒缎、经绒及宁绸、宫绸诸新制。其麕集之地,泰半散居四乡,尤以东北之孝陵卫,及南之秣陵关,并禄口、陶吴、横溪桥等处为最夥,是为南京缎业极盛时代。

厥后洪杨兵起,金陵适当其冲,织工流离四散,缎业因之萧条。同治初年,克复金陵,避居江北及里下河一带之织工得以复来南京,重整旗鼓,缎业由是复兴。集中之地亦由四乡迁至城内,以南城之东西两隅为最占多数。光绪十二年,同业复修南城雨花台之云锦殿,改称云机公所,作为同业整顿行规集议之地。光宣年间又设公所于城内之三坊巷,取其地点介于南城东西两隅之间,便于集会也。后因泰西缎、东洋缎之时行,于该业不无影响。

幸而共和肇兴,临时政府建设金陵,服色尚玄,该业得以复苏,于是改色天青为元青,销路逐渐畅旺,机数骤加数倍。南京缎业至此已恢复原状,更谋进步。曾有一度铁机之改革,并设丝业手工传习所于旧织造府署内,名曰南京丝织手工传习所,由缎业公所拨款四千元作开办费,并由江苏省公署每月补助洋四百元为经常费,官商公推经、协理办理该所事务。虽名称工场,实为职业学校性质。查其地址,即今之国货陈列馆礼堂隔壁余屋是也。

至于设备方面,曾向沪地购办木机、铁龙头、钢扣提梭等件,共配织机十二具,每具约洋三百元;另有刻花机一具,花本全系购自日人。成立四年,略具规模。乃受军事影响,省款支绌,向所补助之经常费因以取消,改由经理等竭力临时筹措,免强支持。厥后再值军事发生,销路大减。于是,该所更难维持,遂于民八停办。现闻仅存铁机龙头二架于继善堂内,别无余物。近数年来,时尚所趋,毛织品风行各地,前之服用元色花素缎者,今则全易哔叽、直贡呢矣。现在缎业尚能生存者仅为供给帽鞋材料,及东北数省少数之需求而已。于是声誉素著之京缎至此一落千丈,几至不可收拾;缎商受此打击,正苦呼吁无门。

兹者,党国肇兴,提倡工商事业,缎业全体因上书请用国货,并请维持南京缎业十数万工商之生计。当蒙政府规定服色,绘制图说,宣告民众一律遵用国货,于俯顺商情之中,寓有唤起民众爱国之意。果能上下一致,实力奉行,则男衣元褂,女着元裙,凡有可取材于缎者,无不以是为主体,则南京缎业在商业史上固可保持极有价值之荣誉,又可杜塞舶来品之漏卮,国计、民生两有裨益矣。

第二节 缎业之概况

本京工业首推缎业,织机工人以在秣陵关及南乡一带者居多。其尤集中之地,则在南城之东西两隅及北城一带,因其地势高燥,不易受湿,于制缎最为适宜。此种制造人家,普通称为机房;从事于织造者,称为机工;自备丝经制织者,谓之小开机,或曰行蓝;将丝经放于机房,使其代织者,谓之帐房,亦谓之放料;以自有机具,织人家牌子,名曰银庄;自有机具,用人丝经、住人房屋,仅自己织制者,名烧干锅;在市上代缎客买卖者,谓之经纪;在京代外埠购办缎货者,谓之代庄。每岁夏初乡丝上市,帐房停进丝经,谓之歇新丝;南京缎号不歇新丝者,仅有于启泰德记一家。其摇丝成经者,谓之白行,业此者多为太平、和平门外人。至染丝经之染坊,元色者多在南城东西两隅,杂色者多在北城沐府西门①一带。

---

① 原文"沐""沭"混用,统改为"沐府西门"。

丝经染成,则分散络工。络工者,女红也。丝有清水丝、粉丝两种。粉丝日可络十余两,清水丝日仅络七八两不等。元色经日可络三四窠,杂色减半一篗名曰一窠,绕之于篗即是以细竹为六角形之架。上机排经,两人对捧,谓之捧经,每捧一机,经面少则五疋,多则十疋。捧毕,即上机接头,新旧并系,两端相续。如新置之机,无旧头可接,则必先捞范子,然后从交竹中缕之分之,谓之通交,即理经面也。通交,又带摇纬。所谓摇纬者,即将纬丝绕于小管,以备纳于机梭。

料友将缎织成,送于帐房有较其良否者,谓之雠货。包裹缎疋,谓之筒货。北城一带有织建绒者,即缎经绒;有织漳绒者,即天鹅绒;间有织漳缎者。南城有织经方织库经,将各色经线而配以金银线为纬,均具美观,亦系南京之特产。

上述各货,欧战前后出口极形发达,近销场日见衰落。就中惟织经业因明岁西藏班禅寿辰,纷纷定货,稍有起色,然亦不过缎业之一部分,借以维持现状耳。

第三节　原料

本京缎业所用之原料,经丝须用上等细丝,全数购自浙省海宁硖石、辑里、塘栖等处;纬丝系用肥丝,产地甚多,有采自本京附近各乡及溧水、句容、南通、仪征者,有采自安徽滁州、来安、泾县、全椒、六安等县者。今将经丝、纬丝种类开列于左①。

---

① 本书底本为繁体竖排,故用"左""右"表示,全书同。

经丝种类

产地	丝之别名	种类	南京缎业每年购办之数目	现时市价（每百两之价）	备考
浙江海宁县	海宁	湖种	三十万两	五十元	此县水土肥沃，所产之丝，色白匀，用数根丝合摇成经
硖石镇	硖石	同上	二十余万两	五十元	
辑里镇	辑里	同上	二十万两	五十元	此种丝，色白、条略肥，可作纬用，亦摇经
新市镇	新市	同上	二十余万两	五十元	此种丝，白肥细均，有可经可纬
塘栖镇	塘栖	同上	二十余万两	五十元	同上
王店镇	王店	同上	二十余万两	五十元	同上
桐乡镇	桐乡	同上	二十余万两	五十元	同上
共约一百五十余万两					

纬丝种类

产地	丝之别名	种类	南京缎业每年购办之数目	现时市价（每百两之价）	备考
江宁县	外八门	湖种改良种	十余万两	四十元	此种丝，色白、条肥，乡人自制，以致出品良莠不齐
横溪桥	横溪	湖种	三十万两	四十五元	该镇水土肥沃，所产之丝，色白且洁，条略肥，出品整齐，为全国肥丝之冠
谢村镇	谢村	同上	二十万两	四十三元	此镇所产之丝，色白、条肥，出品较横溪略逊

续表

产地	丝之别名	种类	南京缎业每年购办之数目	现时市价（每百两之价）	备考
溧水县	溧水	改良种	三十万两	三十五元	此种丝，白色条过肥，乡人自缫，出品不齐，须加整顿，合作纬用
句容县	句容	同上	十余万两	三十五元	此种丝，色绿条肥，出品不齐，合作纬用
丹阳县	丹阳	湖种	二十余万两	三十八元	此种丝，白色条肥，较谢村出品稍逊
全椒县	全椒	改良种	二十万两	四十元	此种丝，俗名锅丝，色灰条均，雇工自缫，出品整齐，合作纬用
来安县	来安	同上	十余万两	四十元	同上
滁县	滁州	同上	十万两	四十元	同上
相官集	相官	同上	十万两	四十元	同上
南通县	南通	同上	十万两	三十五元	此种丝，名小锅，丝色灰条，均雇工自缫，出品不齐，性涩，可作纬用
仪征县	仪征	同上	十万两	三十五元	此种丝，色灰条肥，雇工自缫，出品不齐，可作纬用
六安县	六安	土种	三十万两	三十元	此种色黄丝①，条太肥，自制自缫，出品不齐，勉作纬用
泾县	泾县	改良种	十余万两	三十二元	此丝，色白条肥，乡人自缫，出品不齐，可作纬用
共约二百三十余万两					

————————

① 此处语序疑误，当为"丝，色黄"。

第四节　营业状况

缎业在每年新丝上市之际，凡有织机二十张以上者，均赴浙江之海宁、硖石等处采办细丝，以备制经之用。斯时，较大帐房或小开机户，与钱庄皆有往来，多则数万元，少则数百元，视其缎号之大小而异。但以一时需用多数现银关系，故每当新丝登场，本市洋厘必有一度之突升。缎业之盛衰，影响于南京之金融者，于此可见。

缎号之大者，泰半在本京取钱庄之现洋购办原料，而以上海之规银为其售货所得者拨付钱庄，钱庄不过为缎号之汇兑机关而已。至在小开机户方面，往来情形则大不同，有借钱庄放款以资周转者。所以每值缎货滞销之季，周转不灵，以倒闭闻者，不一而足。亦有以钱庄利息过重，因以缎货作银行押款者。如此则起息既轻，且可免除厘拆上之损失。本京江苏银行此项押款比较为多。此外尚有丝行专售肥丝及代客买卖，如代小开机户之购办细丝，或缎号向其赊购肥丝，先付丝价若干，其余大半与以期条，限期二三个月不等。小开机户售货与帐房，以及帐房付银与染坊，亦多有以期票交易者。缎业经济状况，大有关于营业，于此等处可见一斑。

至缎正销售之地，以北平为最，辽、吉、黑、鲁、豫、晋、两湖、两广、滇、蜀次之，欧西又次之，每年销数不下数百万元。昔之业此而富者，比比皆是。今以外货充斥，地位被夺，加以故步自封，遂至日形不振。

至该业运输情形，其较大之帐房各处均立庄号，直接运货至其地销售者,谓之自有庄口。或由上海、汉口、苏州转各路客帮者,谓之代庄,其数甚夥。尚有在本京办货,分发各路客帮者;亦有寄货于各省市县籍邮便往来者。在前清时,每逢旧历年终封关之时,必有大批缎货经由邮局寄出,俗名之曰恩关,因可免纳税银也。又,缎疋上所织牌号,与商标性质相同,苟非货真价实、行销有素者,极难得主顾之信用。然亦有货身虽好,而牌号生疏者,价格亦因之较贱,在外埠且难销售。而著名牌号之货,则深得购者之欢迎。商业之重宣传,由兹可见。调查时,闻之人言,往者营业极盛之时,客帮定货,络绎于途,缎货寄到,价银即来,不须设法推销,只凭一纸号信而已。今则存货久积,销数停滞,业此者闭歇太半,失业工人无虑数万,营业方面不禁有今昔之感矣。

第五节　工人现状

本京织缎工人,均系秣陵关及孝陵卫人。该业大半多系祖传,男织女络,无工厂性质之可言。一切设备,可称完全家庭工业。现今直接织缎工人,总数约九千五百人;间接者,尚不在内。笼统计之,约一万五千五百余人。而受工人之仰事俯畜者,则又不止此数矣。寻常工资极少,近年以来有工会之组织,工资稍为增加,得以维持现状。今将其各种工资多寡分述如下。

络工

络经

工资,每籰大洋三分三厘。

络纬

清水丝,每两大洋二分七厘。

粉丝,每两大洋二分三厘由对出至对五止(即二百两至二百五十两止)。

粉丝对五以外者即二百五十两以外,每两大洋二分。

一万五千头行长四丈二尺经丝十簆,计重三十三两,纬丝五十四两,每疋缎络工工资大洋一元七角八分八厘。

一万八千头行长五丈经丝十三簆半,计重四十四两,纬丝六十六两,每疋缎络工工资大洋二元二角四分一厘。

二万头行长五丈经丝十六簆,计重五十二两八钱,纬丝一百一十二两,每疋缎络工工资大洋三元零二分四厘。

捧接

捧接经,每把经每工连放经、刷经各一人在内,共大洋八角一把经等于七十簆,七十簆以外,每簆经加大洋壹分。

通交

通交手续甚繁,其内尚有三种:(一)摇纬,(二)对节,(三)缲丝。摇纬之多寡,视乎织数之多寡而定;对节,因络工所打之节过大,不易穿过扣齿,由通交重复对之,即名之曰对节。

缲丝即理经面也,如肥多细少,即将细的换肥;如细多肥少,即将肥的换细,此皆通交之手续也。今将每疋缎子通交之工资开列如下。

一万五千头行长四丈二尺,每疋缎通交工资大洋一元一角。

一万八千头行长五丈,每疋缎通交工资大洋一元四角五分。

二万头行长五丈,每疋缎通交工资大洋一元七角零五厘。

捶工

天青地子,每缸计丝一百二十两,捶工每人大洋一元。

蓝地,每缸计丝一百二十两,捶工每人大洋五角。

复缸,捶工大洋五角。

织工

查手工织缎,每日织缎之多寡,全视乎缎疋头行之大小而定。小头行,每日可织六七尺;大头行,虽日以继夜,至多亦不过四五尺耳。又,织缎时另有上经拿柳梳一人,摘花二人,挟棍一人,压摘花纸一人。以上各种手续,大半工友互相换工,当未工作之前,仅由织主请伊等茶叙一次,并不取付工资。如此类工人无暇,则由织缎工人代之。

一万五千头行长四丈二尺,每疋缎织工工资大洋二元二角。

一万八千头行长五丈,每疋缎织工工资大洋二元九角。

二万头行长五丈,每疋缎织工工资大洋三元四角一分。

第六节　缎业失败之原因

南京缎业衰微情形,已达难以维持之境。究其失败原因,厥有数端,今试略述如下。

时尚所趋,衣饰日新月异,该业仍守成法,不合新潮,自然归于淘汰。此其一。

缎机总数,清季约有五千余张。民国肇兴,由民元至民六以来,历年有加无已,增至倍数以上。当时,每疋纯益有及十元余者,利益助长生产,市上缎货供过于求,一不行销,存货久搁,金融难于周转。此其二。

缎业销货,虽有设立庄号分运各地者,但多数只以接受客帮定货为限,对于推广营业一事不甚注意。在存货久积之时,往往跌价求现,借图维持,自相残杀,结果终至两败俱伤。此其三。

近年以来军事频兴,缎业仰望销货之地,或因战事扰害,或因交通阻塞,或以地瘠民贫,致有货而无雇主。间有数地能寄货销售者,亦受间接影响,购买力薄,营业当然减色。此其四。

缎业发达已久,销路所至,远及海外越南、暹罗、印度、新加坡等处。而日本、朝鲜两国,南京缎子之名风靡一时。嗣以各地增税,即蒙古、西藏亦已征至值百之五十五;日本则自百分之五至三四十,今又值百抽百,销路遂逐渐杜塞。即以专售日本之江绸论,现营此业者仅余四五家耳,生产几乎消灭。其他外销,亦莫不受当地税①增税之影响。此其五。

缎业原料所需之肥细生丝,类多来自浙省。其生产地征税情形,经丝每包计重九十斤,约纳税洋二十五元;纬丝每包一百斤,约纳税洋十元。运至南京进口纳税约每担征收五元,原料制织成缎,在本省运销,则完纳丝织品印花税每斤大洋

---

① "税"字衍。

二角五分。而缎子大多运销外省,则共须经过五道税:(一)海关正税,每担纳关平银十二两;(二)半税银六两;(三)丝织品印花税,每斤大洋五分;(四)邮包税,每斤大洋九分;(五)省税银九两。据缎业人云,缎量重一百斤,综计约须税洋六十元左右。此种税率较之十五年份,增至三分之一,在缎业凋敝之际,何能担负重税?妨害营业,莫此为甚。此其六。

缎货出品以质密量重为佳,作伪者偷工减料,妄报虚数头行以欺购者,日久对方渐悉底蕴,裹足不前,已失信用,无术挽回。此其七。

以上各节,不过就其营业表面而言。若考其制造手续,则粉丝与做假二端实为最大弊病,应即痛除。

一、粉丝之混用,始于前清道光年间,兴于同光之际,盛于民八以后。昔时成分尚少,今则搀杂甚多,每当缎之纬丝发染时,令其混以茶油、小粉等物,使之增加重量。此种粉丝织品,表面上一时不易察出,一经潮湿,易生霉点。

二、做假者何当织缎之时,昔日打磨表面仅用微量之白蜡,而现在则以洋蜡、烛油满敷经面;再用火烘,随织随烘,随烘随织,乃使烛油完全溶入缎里。骤视光彩耀目,乌漆可爱,一经服用,稍受尘垢,擦抹之后,即露污痕。

总之,缎业困难,受环境之影响固多,有时咎由自取。如重用粉丝以为减轻成本地步,用蜡作假欺人自欺,计虽售于一时,终至失败,不可收拾。盖以营业方面种种不良,瞻望前途,不寒而栗。西谚有之:"天助自助者。"该业当事撷长去短,幸亟起而图之。

第七节　缎业调查之经过

南京缎业著名于世，今受外货影响，衰微情形可谓已达极点。欲谋补救，则宜先事调查与统计，俾得归纳种种现状，以资参考，而图改良。惟该业系属家庭手艺，机户、工人时作时辍，生产数量至不一律，资本仅敷周转，营业惟受定货。虽有缎业公会，然除表列该业牌号五十余家之名称外，别无纪载。因是调查既难统计，更无依据。无已，乃自清查着手，就询熟悉缎业中人，按户一一前往，方知实在情形。兹编《南京缎业统计表》及《调查表》二种，分列于后。惜该业从前并无统计，今昔状况不能得明晰之比较。然闻之该业耆旧，现有机数尚不逮最盛时期十分之二云。

附表 ①

一、首都缎业调查表

缎号	号主	地址	资本	工人人数	每疋工资	机数	全年出数	每疋成本②	每疋售价	销路
魏广兴	魏子房	高冈里	三〇〇〇〇元	四五〇人	一〇元至一二元	一五〇张	三〇〇〇疋	四〇元至七五元	五〇元至八〇元	上海、北五省
李久大	李刚臣	胭脂巷	四〇〇〇〇元	五〇〇人	九元至一〇元	一六〇张	三二〇〇疋	三〇元至七五元	三四元至八〇元	北平、东三省
黄铭昌	黄月轩	小门口	二〇〇〇〇元	二〇〇人	一〇元至一一元	六〇张	一〇〇〇疋	四五元至八元	五〇元至九〇元	天津、上海
张茂丰	张咸之	磨盘巷	一二〇〇〇元	一五〇人	一〇元	五〇张	一〇〇〇疋	四〇元至七〇元	四五元至七六元	北平
贾晋丰	贾鉴西	五间厅	三〇〇〇〇元	三六〇人	一〇元至一二元	一二〇张	一五〇〇疋	五〇元至七五元	五五元至八〇元	广东、东三省、北平
石永隆	石子宾	胭脂巷	一〇〇〇〇元	一〇〇人	一〇元至一一元	一二张	八〇〇疋	四二元至七〇元	四八元至七六元	汉口、北平
于朴记	于林安	大夫第	一四〇〇〇元	一六〇人	一〇元至一二元	五〇张	一〇〇〇疋	五〇元至七〇元	五六元至八元	北平
张德丰	张文龙	牛市	一五〇〇元	三〇人	九元	六张	一二〇疋	四六元	五〇元	天津、汉口
中兴源柳记	李柳塘柳记	鸽子桥	二五〇〇元	三〇人	九元	〇张	二〇〇疋	三五元至四〇元	四〇元至四六元	北平

① 标题据原书目录补。
② 原文误作"每成疋本"。

续表

缎号	号主	地址	资本	工人人数	每疋工资	机数	全年出数	每疋成本	每疋售价	销路
陈郁记	陈郁文	磨盘街	五〇〇〇元	六〇人	一〇元至一一元	二〇张	四〇〇疋	五六元	六一元	东三省、汉口
陈楝记	陈楝臣	小王府巷	三〇〇〇元	三〇人	一〇元	一〇张	二〇〇疋	五〇元	五六元	东三省、上海
李春记	李复银	老土地庙	八〇〇元	一二人	九元	四张	八〇疋	三四元至四〇元	三七元至四四元	北平
王庆隆	王叔衡	小王府巷	六〇〇〇元	六〇人	一一元	二〇张	四二〇疋	五五元	六二元	汉口、北五省
萧益源	萧耀如	积善里	一五〇〇元	一五人	一一元	五张	一〇〇疋	四四、五六元	五〇、六一、七〇元	北平
杨家有	杨家有	大井巷	五〇〇元	五人	九元	二张	四〇疋	六五元	四七元	天津
徐福隆	徐锡芝	小府巷	二〇〇〇元	一八人	一〇元	六张	一二〇疋	五六元至六〇元	六三元至六七元	北平、东三省
李复记	李复金	贵人坊	五〇〇元	六人	九元	二张	四〇疋	四〇元至四五元	四五元至五〇元	本京
史鸿泰	史学瀛	信府苑	五〇〇〇元	五六人	九元至一一元	二〇张	四〇〇疋	三二元至五〇元	三六元至六〇元	北五省
金永福	金永福	香铺营	一〇〇〇元	一二人	九元	四张	七〇疋	三一元	三七元	北平
冯裕隆	冯裕隆	肚带营	三〇〇元	三人	一〇元	一张	二〇疋	四〇元	四六元	北平
汤中德	汤中德	韩家巷	一〇〇〇元	一二人	九元	四张	八一疋	四五元	五〇元	北五省
王德源润记	王仲卿	马巷	五〇〇〇元	六〇人	一〇元	二〇张	四〇〇疋	四〇元	五〇元	北平、天津

续表

级号	号主	地址	资本	工人人数	每疋工资	机数	全年出数	每疋成本	每疋售价	销路
杨子记	杨子和	磊功巷	二五〇〇元	三〇人	九元	一〇张	二〇〇疋	四〇元	四五元	东三省
陈泽记	陈泽南	高冈里	六〇〇〇元	六〇人	一一元	二〇张	四〇〇疋	五六元至七一元	六六元至七六元	北五省
尚恒昌	尚一杭	老府桥	六〇〇〇元	六〇人	一〇至一一元	二〇张	四〇〇疋	五〇元至六〇元	五〇元至七〇元	东三省
姚泰昌	姚耀南	如意桥	一二〇〇元	一五人	一〇元	五张	一〇〇疋	四四元至五六元	五〇元至六〇元	天津
吴坤泰	吴健金	皇册库	八〇〇元	九人	九元	三张	六〇疋	四二元	四八元	北平
汪源昌	汪学海	九儿巷	二五〇〇元	三〇人	一〇元	一〇张	二〇〇疋	四六元至五〇元	五〇元至五五元	北五省
任茂泰	任茂泰	估衣廊	五〇〇元	六人	九元	二张	四〇疋	三八元	四六元	蒙古
毛秉衡	毛秉衡	陆家巷	一二〇〇元	一二人	一〇元	四张	八〇疋	五〇元	五六元	上海
朱振兴	朱振兴	香铺营	五〇〇元	六人	九元	二张	四〇疋	四〇元	四〇元	湖南
夏秀记	夏秀记	丰富巷	五〇〇元	六人	九元	二张	四〇疋	四二元	五〇元	广东
韩少记	韩少记	马道街	一〇〇〇元	一〇人	一〇元	三张	六〇疋	五〇元	五六元	本京
韩玉记	韩玉记	马道街	一〇〇〇元	一二人	九元	四张	八〇疋	五三元	五八元	本京
尚鉴记	尚锡候	张家衖	一五〇〇元	一八人	九元至一〇元	元色一张 大红四张 天青一张	一二〇疋	四六元至五四元	五〇元至六〇元	本京
高裕昇	高裕昇	大香炉	六〇〇元	九人	九元	二张	六〇疋	四〇元	五〇元	本京

续表

缀号	号主	地址	资本	工人人数	每疋工资	机数	全年出数	每疋成本	每疋售价	销路
俞复隆	俞润芝	金栗庵	一五〇〇元	一五人	一一元	五张	一〇〇疋	五一元至六一二元	五八元至六八元	本京
卢永福	卢永福	营门口	五〇〇元	六人	一〇元	二张	四〇疋	三四元至六六元	四〇元至六七〇元	北平
王本福	王本福	严家井	三〇〇元	三人	一一元	一张	二〇疋	五〇元	五六元	北五省
徐振记	徐玉书	小府巷	六〇〇〇元	六〇人	一〇元	二〇张	四〇〇疋	四五元至五〇元	五〇元至五五元	东三省
成记	李季常	谢公祠	三五〇〇元	三〇人	一〇元	一〇张	三〇〇疋	四二元至七四元	五〇元至八〇元	北五省、汉口
陈荣丰	陈福修	实辉巷	三五〇〇元	三〇人	一一元	一〇张	二〇〇疋	五〇元	五六元	东三省、汉口
王昌记	王才之	六角井	四〇〇〇元	四〇人	一〇元	一五张	三〇〇疋	四五元	五二元	东三省
于启泰德记	于少彰	钓鱼台	五〇〇〇〇元	四五〇人	一〇元至一五元·五省	一五〇张	三五〇〇疋	五〇、六五、七四元	五六、六〇、八一元	上海、九江、汉口、东三省
周荣昌子记	周子明	边营	三〇〇〇元	三〇人	一〇元	一〇张	二〇〇疋	五〇元	五六元	北五省
徐源记	徐广源	陶家巷	一五〇〇元	二〇人	九元	六张	一五〇疋	四〇元	四七元	东三省
刘荣圻	刘荣圻	营门口	五〇〇元	六人	九元	二张	四〇疋	三五元	四〇元	北平
黄福兴	黄福生	小王府巷	八〇〇元	一〇人	一〇元	三张	六〇疋	四〇元	四五元	东三省

续表

缴号	号主	地址	资本	工人人数	每疋工资	机数	全年出数	每疋成本	每疋售价	销路
马永盛	马春贵	老虎头	一五〇〇元	一八人	九元	六张	一二〇疋	三一、四七、五六元	三四、五一、六二元	北平
马源记	马源有	中营	一五〇〇元	一八人	一〇元	元色二张 大红四张	一二〇疋	四五元五二元	五〇元至五七元	本京
高荣昌	高吉清	积善里	一〇〇〇元	一八人	一〇元	元色二张 天青四张	一二〇疋	四五元至五〇元	五〇元至五六元	本京
王来仪	王炳南	积善里	一二〇〇元	一二人	九元	元色三张 大红一张	八〇疋	四六元	五二元	本京
李贤明	李大化	积善里	一〇〇〇元	九人	九元	三张	六〇疋	三一、四六、五四元	三六、五一、六二元	本京
张荣泰	张柄生	边营	三〇〇元	三人	九元	一张	二〇疋	三八元	四五元	河南
周营昌	周广长	边营	三〇〇元	三人	九元	一张	二〇疋	四〇元	四六元	本京
赵天益	赵柄恒	边营	二五〇〇元	三〇人	一〇元	一〇张	三〇〇疋	五〇元	五六元	本京
王振泰	王国栋	肚带营	五〇〇元	七人	九元	二张	四〇疋	四五元	五〇元	蒙古
毛顺兴	毛守诚	香储营	六〇〇元	七人	九·四元	二张	六〇疋	五〇元	五六元	汉口
胡顺兴	胡兆昆	鸡鹅巷	五〇〇元	六人	九元	二张	五〇疋	四〇元	四五元	山东、汉口
曹聚隆	曹接农	鸡鹅巷	五〇〇〇元	六〇人	九元	二〇张	四〇〇疋	四〇元至五〇元	四五元五五元	北五省、汉口
解广兴	解广兴	陆家巷	一〇〇〇元	一二人	九元	四张	八〇疋	三五元至五〇元	四〇元至五五元	本京

续表

缎号	号主	地址	资本	工人人数	每疋工资	机数	全年出数	每疋成本	每疋售价	销路
朱永明	朱永明	曹都巷	二〇〇〇元	二四人	一〇元	八张	一六〇疋	五〇元至五五元	五五元至六〇元	营口、哈尔滨、北五省、牛庄
解正兴	解正兴	高家酒店	二〇〇〇元	二六人	一〇元	一〇张	二〇〇疋	二五元至四〇元	三〇元至五〇元	蒙古、北平
胡亿兴	胡钧南	估衣廊	二〇〇〇元	三〇人	九元	一〇张	二〇〇疋	三〇元至四〇元	三四元至四〇元	北五省
李少记	李复万	老土地庙	五〇〇元	六人	九元	二张	四〇疋	三〇元至四〇元	三七元至四〇元	本京
徐祥记	徐子祥	陡门桥下	八〇〇〇元	九〇人	一一元	三〇张	五〇〇疋	五五元至六八元	六〇元至七〇元	上海、北平、汉口
姚恒泰	姚万松	高家酒店	一〇〇〇元	一二人	九元	四张	八〇疋	四〇元	四五元	北五省
邵荣兴	邵长荣	中营	五〇〇元	六人	一〇元	二张	五〇疋	五〇元	五八元	北平
王开义	王开义	太平桥	五〇〇元	六人	九元	二张	四〇疋	四〇元	四五元	本京
祁德泰	祁绍元	马驾桥	五〇〇元	六人	一〇元	二张	五〇疋	四〇元至六〇元	四元至六五元	蒙古
苏瑞祥	苏友贤	钓鱼台	一〇〇〇〇元	一二〇人	一〇元	四〇张	八〇〇疋	五〇元至六〇元	五五元至五〇元①	东三省、汉口

① 原文如此。

19

续表

级号	号主	地址	资本	工人人数	每疋工资	机数	全年出数	每疋成本	每疋售价	销路
载天祥	载玉昆	吉祥街	六〇〇〇元	六〇人	一二元	二〇张	五〇〇疋	五五元至七五元	六〇元至八〇元	汉口、北平、东京
陶裕昌	陶岸树	花露冈	五〇〇〇元	五〇人	一〇元	二〇张	四〇〇疋	三四元至五五元	四〇元至六〇元	北平
张炳森	张余兴	谢公祠	一二〇〇元	一五人	一〇元	五张	八〇疋	三五元至五〇元	四〇元至六〇元	北平
吴悦来	吴石君	钓鱼台	五〇〇〇元	六〇人	一一元	二〇张	四四〇疋	五〇元至七〇元	五五元至七〇元	东三省
张祝记	张祝三	中营	一〇〇〇〇元	一二〇人	一〇元	四〇张	八〇〇疋	五〇元	六〇元	汉口、东三省
张淋和缫记	张启发	六度庵	七〇〇〇元	一〇〇人	九元至一一元	三〇张	五〇〇疋	三五元至六〇元	四〇元至六五元	北五省
李东昇	李少白	三铺两桥	二〇〇〇〇元	二五〇人	一一元	八〇张	一七〇〇疋	五六元至七六元	六二元至八一元	北五省
刘益兴	刘寿民	高冈里	一八〇〇〇元	二〇〇人	九元至一一元	六〇张	一六〇〇疋	三〇元至七五元	三五元至八〇元	东三省、上海
张志记	张万之	高冈里	一〇〇〇〇元	一二〇人	一一元	四〇张	八〇〇疋	三四元至六六元	四〇元至六〇元	东三省、上海
中兴顺福记	李经宇	鸽子桥	二〇〇〇〇元	二〇〇人	一〇元至一一元	六〇张	一〇〇〇疋	五六元至七四元	六〇元至八〇元	河南、天津、苏州、浙江
陶瑞泰	陶德香	糖坊桥	一〇〇〇〇元	一五〇人	九元至一一元	五〇张	八〇〇疋	四〇元至七〇元	五〇元至七五元	北平
王庆丰	王伯根	侍其巷	一〇〇〇〇元	一三〇人	一〇元至一一元	四〇张	八〇〇疋	五五元至七〇元	六二元至七六元	东三省

续表

缎号	号主	地址	资本	工人人数	每疋工资	机数	全年出数	每疋成本	每疋售价	销路
德义长	张锡如	钓鱼台	八〇〇〇元	一二〇人	九元至一〇元	四〇张	七五〇疋	三五元至六〇元	四〇元至六六元	北平
周鼎昌仲记	周子纯	钓鱼台	七〇〇〇元	一〇〇人	一〇元	三〇张	六〇〇疋	四四元	五〇元	东三省
卢永源	卢徽章	中营	一〇〇〇〇元	一二〇人	一〇元至一一元	四〇张	八〇〇疋	五五元至七〇元	六二元至七六元	北五省
吴悦泰	吴焕廷	小王府巷	三〇〇〇元	三〇人	一〇元	一〇张	二〇〇疋	四五元	五〇元	北平
朱鑫和	朱鸿炘	门东老虎头	一二〇〇元	一五人	一〇元	五张	八〇疋	三四元至四五元	四〇元至五〇元	本京
张广源	张少山	蒋家苑	五〇〇〇元	六〇人	一〇元	二〇张	三五〇疋	五二元至七〇元	五六元至七五元	北五省
豫成公	桑梦渔	黑簪巷	八〇〇〇元	一〇〇人	九元至一一元	三〇张	六〇〇疋	四〇元至六六元	四五元至六六元	北五省
端泰昌	端连葆	梧桐树	一〇〇〇〇元	一〇〇人	一〇元至一一元	三〇张	七〇〇疋	五〇元至七〇元	五五元至七六元	东三省
张淋和明记	张明记	牛市	八〇〇〇元	一〇〇人	一〇元	三〇张	六〇〇疋	五〇元	五五元	东三省
王祥记	王子洁	糖坊廊	三〇〇〇元	三〇人	九元	一〇张	二〇〇疋	四六元	五一元	北平
徐乾昌	徐实臣	三铺两桥	五〇〇〇元	六〇人	一〇元	二〇张	四〇〇疋	五〇元	五六元	北平、汉口
陈锦盛	陈树堂	鸣羊街	六〇〇〇元	六〇人	九元至十一元	二〇张	四〇〇疋	五五元	六二元	东三省
谈益记	谈益三	谢公祠	二五〇〇元	三〇人	九元	一〇张	三〇〇疋	四三、五四、六四元	五〇、六〇、七〇元	北平

续表

缏号	号主	地址	资本	工人人数	每疋工资	机数	全年出数	每疋成本	每疋售价	销路
陈相如	陈相如	营门口	三五〇元	四五人	十元	一五张	三〇〇疋	四五元至七五元	五〇元至八〇元	本京、苏州、北平
王福兴	王松福	陆家巷	五〇〇元	六人	九元	二张	五〇疋	三〇元	三四元	北五省
赵其福	赵其福	猫鱼市	五〇〇元	六人	九元	二张	四〇疋	四二元	四八元	本京
汤复兴	汤忠源	估衣廊	八〇〇元	一〇人	九元	四张	八〇疋	二〇元	三五元	汉口、北平
刘金山	刘金山	估衣廊	六〇〇元	九人	九元	三张	六〇疋	四〇元	四五元	本京
李春源	李春山	半边营	五〇〇元	六人	九元	二张	四〇疋	三二元至四〇元	三七元至五〇元	本京
李锦源	李锦源	糖坊桥	一〇〇〇元	一二人	九元	四张	八〇疋	四〇元	四五元	蒙古
赵永兴	赵有才	洪武街	五〇〇元	六人	一〇元	二张	四〇疋	四二元	四八元	哈尔滨、西藏、蒙古
张家记	张家发	千章巷	五〇〇〇元	六〇人	一〇元	二〇张	四〇〇疋	四五元	五〇元	北五省
王金记	王茂金	吉祥街	五〇〇元	六人	九元	二张	四〇疋	三八元	四四元	本京
孙裕隆	孙进仁	吉祥街	五〇〇元	五人	九元	二张	四〇疋	二〇元	四四元	本京
徐廷英	徐廷英	吉祥街	五〇〇元	六人	九元	二张	四〇疋	三八元	四三元	本京
王华兴	王华兴	边营	五〇〇元	五人	九元	二张	四〇疋	四〇元	四五元	本京
元聚昌	张元昌	木匠营	八〇〇元	一〇人	一〇元	三张	一一〇疋	三九元	四三元	本京
赵满泉	赵满泉	木匠营	五〇〇元	六人	九元	二张	三八疋	三四元	四〇元	本京

续表

缎号	号主	地址	资本	工人人数	每疋工资	机数	全年出数	每疋成本	每疋售价	销路
许宏兴	许有松	新路口	三OO元	三人	一O元	一张	二O疋	三二元	三六元	本京
李复裕	李丙如	船板巷	五OOO元	五O人	一O元	一七张	三五O疋	四O元	四四元	本京
李复源	李子贤	船板巷	一六OO元	二一人	一O元	七张	一四O疋	五O元	五五元	本京
叶乾泰	叶同根	磨盘街	八OO元	九人	一O元	三张	六O疋	四O元	四四元	本京
叶同椿	叶同椿	磨盘街	三OO元	三人	九元	一张	二O疋	三八元	四二元	本京
李德泰	李厚庵	磨盘街	一OOO元	一二人	九元	四张	八O疋	四O元	四四元	本京
端顺兴	端利盈	腼脂巷	三OO元	三人	九元	一张	二O疋	三八元	四四元	本京
任翔复	任翔复	吉祥街	五OO元	六人	九元	二张	四O疋	三四元	四四元	本京
吴振兴	吴华如	梁家巷	五OO元	六人	九元	二张	四O疋	三六元	四四元	本京
夏乐三	夏乐三	梁家巷	三OO元	三人	九元	一张	二O疋	三八元	四二元	本京
周振发	周少山	玉振街	五OO元	六人	九元	二张	四二疋	三六元	四四元	本京
翁锦记	翁锦如	如意桥	三OO元	三人	九元	一张	二O疋	三八元	四二元	本京
木恒泰	木质生	如意桥	三OO元	三人	九元	一张	二O疋	四O元	四六元	本京
朱祥泰	朱锦元	如意桥	八OO元	九人	九元	三张	六O疋	三八元	四二元	本京
翁谣记	翁嘉余	小胶巷	八OO元	九人	九元	三张	七O疋	三五元	四O元	本京
陶明金	陶明金	终所巷	五OO元	六人	九元	二张	四O疋	四O元	四五元	外埠

续表

绲号	号主	地址	资本	工人人数	每正工资	机数	全年出数	每正成本	每正售价	销路
陈庆余	陈庆余	金栗庵	一〇〇〇元	九人	一〇元	三张	六〇疋	五〇元	五四元	外埠
陈明干	陈明干	金栗庵	五〇〇元	六人	九元	二张	四〇疋	三八元	四四元	外埠
周金春	周金春	金栗庵	三〇〇元	三人	九元	蓝色一张	三〇疋	三二元	三六元	本京
汪锦源	汪锦源	金栗庵	一五〇〇元	一八人	一〇元	六张	一二〇疋	四〇元	四四元	外埠
蒋长林	蒋长林	猫鱼市	五〇〇元	六人	九元	二张	四〇疋	三八元	四二元	外埠
周长海	周长海	猫鱼市	五〇〇元	六人	九元	二张	四〇疋	三四元	三〇元	外埠
吴端丰	吴长余	门西双塘	八〇〇元	九人	九元	三张	六〇疋	三六元	四〇元	外埠
张源昌	张炳生	门西双塘	五〇〇元	六人	九元	二张	四〇疋	三八元	四四元	本京
屠万隆	屠金泉	太平苑	五〇〇元	六人	九元	二张	四二疋	三四元	四〇元	外埠
贾耀记	贾耀堂	太平苑	五〇〇元	六人	九元	二张	四四疋	三七元	四二元	本京
黄有庆	黄有庆	太平苑	五〇〇元	六人	九元	二张	四〇疋	三四元	三八元	本京
吴长明	吴长明	太平苑	五〇〇元	六人	九元	三张	四六疋	四〇元	四四元	本京
池德源	池馨伯	太平街	五〇〇〇元	六〇人	九元一一〇·五元	二〇张	四〇〇疋	四〇元至八〇元	四五元至六二元	本京
彭汉章	彭汉章	太平街	五〇〇元	六人	九元	二张	四二疋	三八元	四三元	本京

续表

缎号	号主	地址	资本	工人人数	每疋工资	机数	全年出数	每疋成本	每疋售价	销路
雷永顺	雷祥兴	太平里	五〇〇元	六人	九元	二张	四〇疋	三六元	四一元	本京
张志记	张志义	六角井	八〇〇元	九人	九元	三张	六〇疋	四二元	四六元	本京
张德泰塔记	张带之	六角井	八〇〇元	九人	九元	黑青三张	七〇疋	三八元	四四元	本京
汪学茂	王源茂	桃源巷	八〇〇元	九人	九元	三张	六〇疋	三八元	四三元	本京
张德泰庆记	张庆生	桃源巷	八〇〇元	九人	九元	三张	六〇疋	三四元	四〇元	本京
柏尔记	柏辅衡	同乡公井	五〇〇元	六人	九元	二张	四〇疋	三七元	四二元	本京
戴子林	戴子林	杏花村	一〇〇〇元	一四人	九元	元色二张花缎二张	八〇疋	四〇元	四五元	本京
朱荣泰	朱炳三	杏花村	五〇〇元	六人	九元	二张	四〇疋	三四元	四〇元	本京
张永长	张子藩	终所巷	五〇〇元	六人	九元	二张	三八疋	三八元	四二元	本京
邓伯记	邓伯高	终所巷	五〇〇元	六人	九元	二张	四〇疋	四〇元	四四元	本京
陶学忠	陶学忠	终所巷	八〇〇元	九人	九元	三张	五六疋	四二元	四七元	本京
陶春兴	陶永伯	终所巷	三〇〇元	三人	九元	一张	二〇疋	三八元	四四元	本京
李荣兴	李荣兴	终所巷	六〇〇元	六人	九元	二张	四〇疋	三八元	四四元	北五省
朱宏兴	朱道光	边营	三〇〇〇元	三〇人	一〇元	大红十张	二〇〇疋	四五元	五〇元	湖南

续表

缄号	号主	地址	资本	工人人数	每疋工资	机数	全年出数	每疋成本	每疋售价	销路
端荣昌	端木楷	仁厚里	五〇〇元	六人	九元	二张	四〇疋	四二元	四六元	湖南
李万泰	李德山	边营	二四〇〇元	二四人	一〇元	八张	一六〇疋	四五元	五二元	北平
陶荣昌	陶相铭	边营	一〇〇〇元	一二人	九元	四张	八〇疋	五〇元	五六元	本京
陶万兴	陶应洲	边营	一二〇〇元	一二人	九元	四张	八〇疋	五二元	五八元	本京
张广安	张广安	边营	八〇〇元	九人	九元	三张	六〇疋	四二元	四六元	本京
钟维新	钟维新	边营	一二〇〇元	一二人	九元	四张	八〇疋	五〇元	五五元	本京
赵旗成	赵旗成	凤游寺	五〇〇元	九人	九元	三张	六〇疋	四〇元	四六元	本京
陈益书	陈益书	凤游寺	三〇〇元	三人	九元	一张	二〇疋	三八元	四四元	本京
俞源全	俞源全	凤游寺	一五〇〇元	一八人	一〇元	六张	一二〇疋	四五元	五二元	本京
汪炳生	汪炳生	凤游寺	一二〇〇元	一二人	九元	四张	八〇疋	三四元	四〇元	本京
时维财	时随华	杏花村	五〇〇元	六人	九元	二张	四〇疋	三二元	三八元	本京
许长如	许长如	杏花村	八〇〇元	九人	九元	三张	六〇疋	三五元	四〇元	本京
陈金田	陈金田	杏花村	八〇〇元	九人	九元	三张	六〇疋	三六元	四二元	本京
恒兴祥	张兆祥	剪①子巷	一五〇〇元	一八人	九元	六张	一二〇疋	五三元	六〇元	本京

① 原文作"翦"。

26

续表

缄号	号主	地址	资本	工人人数	每疋工资	机数	全年出数	每疋成本	每疋售价	销路
苏德昌	苏汉卿	李府巷	二〇〇〇元	二一人	九元	七张	一四〇疋	四五元	五〇元	北平
徐全昌	徐全昌	三铺两桥	五〇〇元	六人	九元	二张	四〇疋	三六元	四二元	本京
俞常昌	俞常昌	花露岗	一二〇〇元	一二人	九元	四张	八〇疋	四四元	五〇元	本京
王柄兴	王有万	花露岗	三〇〇元	三人	九元	一张	二〇疋	三八元	四四元	本京
裕镇祥	叶镇三	大沙井	一二〇〇元	一二人	九元	四张	八〇疋	四二元	四七元	上海
蒋镇耕	蒋振耕	凤游寺	五〇〇元	六人	九元	二张	四〇疋	三八元	四四元	本京
朱锦昌	朱耀南	边营	九〇〇元	九人	九元	三张	六〇疋	四五元	五〇元	本京
高正源	高凤楼	边营	五〇〇元	六人	九元	二张	四〇疋	五〇元	四四元	上海
李陞和	李登州	边营	三〇〇元	三人	九元	一张	二〇疋	四四元	五〇元	本京
焦洪福	焦道源	边营	一二〇〇元	一二人	九元	四张	八〇疋	三四元至六五元	四〇元至七〇元	本京
陶敏记	陶君敏	八间房	一八〇〇元	一八人	九元	六张	一二〇疋	三五元至六六元	四〇元至七二元	汉口
赵文记	赵文彬	库司坊	五〇〇元	六人	九元	二张	四〇疋	三四元至五五元	四〇元至五五元	本京
赵茂昌	赵启元	凤游寺	五〇〇〇元	三〇人	九元	一〇张	二〇〇疋	四〇元至五〇元	四六元至六〇元	本京
源昌	汪学海	大九儿巷	二〇〇〇元	二四人	九元至一〇元	八张	一六〇疋	四五、五〇、六〇元	五一、五五、六五元	汉口、上海、东三省

27

续表

缏号	号主	地址	资本	工人人数	每疋工资	机数	全年出数	每疋成本	每疋售价	销路
吴季祥	吴季祥	沐府西街	一四〇〇元	一五人	九元	五张	一〇〇疋	四二元	四八元	上海、北平
张恒兴	张子纯	高岗里	一三〇〇〇元	一五〇人	一〇元	五〇张	八〇〇疋	四八、五〇、七五元	五四、六〇、八〇元	营口、哈尔滨
王德源	王仲卿	马巷	五〇〇〇元	六〇人	一〇元	二〇张	四〇〇疋	四二、五五、六五元	四六、六〇、七〇元	北平、东三省
王振昌	王振昌	四圣堂	七〇元	九〇人	一一八①	三〇张	六〇〇疋	五〇元无至七四元	五五元无至八〇元	广东、天津、上海
臧铺源	臧铺源	九儿巷	三五〇〇元	三〇人	一〇元	一〇张	三〇〇疋	四五、五一、元	五〇、五五、元	本京、东三省
张茶兴	张荫森	谢公祠	二五〇〇元	三〇人	一〇元	一〇张	二〇〇疋	四一、五〇、元	四六、五五、元	东三省、汉口、北平
黄宝寿	黄宝寿	一枝园	五〇〇元	六人	九元	二张	四〇疋	三六元	四〇元	本京
杨禹春	杨禹春	驾驾桥	五〇〇元	六人	九元	二张	四〇疋	三八元	四二元	本京
吴桥记	吴桥记	驾驾桥	八〇〇元	九人	九元	三张	六〇疋	四〇元	四五元	外埠
葛植生	葛植生	沐府西门	八〇〇元	九人	九元	三张	五四疋	四二元	四六元	东三省

① "人"当为"元"。

续表

缎号	号主	地址	资本	工人人数	每疋工资	机数	全年出数	每疋成本	每疋售价	销路
吴涌记	吴涌记	大仓园	八〇〇元	九人	九元	三张	六二疋	三八元	四二元	本京
王继先	王继先	池举人巷	三〇〇元	三人	九元	一张	二〇疋	三六元	四〇元	本京
尚云生	尚云生	长东街	五〇〇元	六人	九元	二张	四〇疋	三八元	四二元	本京
丁子余	丁子余	半边街	五〇〇元	六人	九元	二张	四〇疋	四一元	四五元	本京
谭炳鑫	谭炳鑫	半边街	八〇〇元	一二人	一〇元	三张	五六疋	四三元	五〇元	上海
郭金生	郭金生	天主堂	五〇〇元	六人	一〇元	二张	四〇疋	四二元	四六元	本京
盛士荣	盛士荣	大仓园	五〇〇元	六人	九元	二张	四〇疋	三九元	四四元	本京
罗启明	罗启明	观音阁	三〇〇元	三人	九元	一张	二〇疋	三五元	四〇元	本京
赵煜龄	赵煜龄	观音阁	三〇〇元	三人	九元	一张	二〇疋	三四元	三八元	本京
刘长发	刘长发	观音阁	三〇〇元	三人	九元	一张	二〇疋	三八元	四二元	本京
王任炳	王任炳	罗双寺	三〇〇元	三人	九元	一张	二〇疋	三四元	四〇元	本京
何亿兴	何亿兴	张府园	二五〇〇元	三〇人	一〇元	一〇张	二〇〇疋	四五元	五三元	上海、东三省
张传碌	张传碌	高家酒店	三〇〇元	三人	九元	一张	二〇疋	三六元	四二元	本京
郑志坚	郑志坚	双石鼓	八〇〇元	九人	九元	三张	六〇疋	三五元	四〇元	本京

续表

缎号	号主	地址	资本	工人人数	每匹工资	机数	全年出数	每匹成本	每匹售价	销路
胡新庭	胡新庭	双石鼓	五〇〇元	六人	九元	二张	四〇匹	三六元	四〇元	本京
王政球	王政球	沈举人巷	八〇〇元	九人	九元	三张	六〇匹	四六元	五〇元	外埠
王国栋	王国栋	肚带营	五〇〇元	六人	九元	二张	四〇匹	三八元	四二元	本京
吴星伯	吴星伯	骂驾桥	五〇〇元	六人	九元	二张	四〇匹	三八元	四二元	本京
杨万顺	杨万顺	骂驾桥	八〇〇元	九人	九元	三张	六〇匹	四〇元	四四元	外埠
吴端堂	吴端堂	骂驾桥	一五〇〇元	一八人	一〇元	六张	一二〇匹	四二元	四六元	东三省
吴炳记	吴炳记	骂驾桥	八〇〇元	九人	九元	三张	六〇匹	四〇元	四五元	北平
杨万源	杨万源	骂驾桥	三〇〇元	三人	九元	一张	二〇匹	三五元	四〇元	本京
洪森茂	洪德林	营门口	五〇〇元	三人	九元	二张	四二匹	三八元	四二元	本京
陈正元	陈正元	铁管巷	五〇〇元	六人	九元	二张	四〇匹	三七元	四二元	本京
李长海	李长海	天主堂	五〇〇元	六人	九元	二张	四〇匹	三八元	四二元	本京
王炳兴	王炳兴	慈悲社	三〇〇元	三人	九元	一张	二〇匹	三五元	三八元	本京
郭必东	郭必东	慈悲社	五〇〇元	六人	九元	二张	四〇匹	三八元	四二元	本京
王相云	王相云	慈悲社	五〇〇元	六人	九元	二张	四〇匹	四〇元	四五元	北平
胡钧南	胡钧南	估衣廊	五〇〇〇元	六〇人	九元至一〇元	二〇张	四二〇匹	四五、五〇、六〇元	五〇、五五、六五元	上海、汉口、北平

续表

缎号	号主	地址	资本	工人人数	每疋工资	机数	全年出数	每疋成本	每疋售价	销路
季学如	季学如	估衣廊	八〇〇元	九人	九元	三张	六〇疋	三六元	四〇元	外埠
萧永金	萧永金	驾驾桥	一〇〇〇元	一二人	九元	四张	八〇疋	四〇元	四五元	北平
礼记	端礼泉	堂子巷	五〇〇元	六人	九元	二张	四〇疋	三八元	四四元	本京
廖隆盛	廖质夫	南浦厅	一五〇〇元	一五人	九元	五张	一〇〇疋	四〇元	四六元	本京
许金富	许金富	铁管巷	三〇〇元	三人	九元	一张	二〇疋	三五元	四〇元	本京
徐德春	徐德春	慈悲社	八〇〇元	九人	九元	三张	六〇疋	三八元	四四元	本京
杨一芝	杨一芝	终所巷	五〇〇元	六人	九元	二张	四〇疋	三六元	四〇元	本京
褚廷芳	褚廷芳	双石鼓	二〇〇〇元	二四人	九元至一〇元	八张	二〇〇疋	四五元	五六元	外埠
聂宝兴	聂宝兴	半边街	三〇〇元	三人	九元	一张	二〇疋	三五元	四二元	本京
徐廷福	徐廷福	五间厅	五〇〇元	六人	九元	二张	四〇疋	三五元	四〇元	本京
复隆	俞润之	金栗庵	一五〇〇元	一八人	九元	六张	一二〇疋	四〇元	四六元	东三省
天生	尹启昌	太平井	一〇〇〇元	一二人	九元	四张	八〇疋	三八元	四二元	本京
谭宝	谭宝	五间厅	五〇〇元	六人	九元	二张	四〇疋	三六元	四〇元	本京
鼎昌仲	周子俊	钓鱼台	一五〇〇元	一八人	九元	六张	一二〇疋	三八元	四六元	外埠
龚坤泰	龚镜湖	鸣羊街	三〇〇〇元	四二人	九元至一〇元	一三张	二六〇疋	四五元	五二元	上海、东三省

续表

缄号	号主	地址	资本	工人人数	每疋工资	机数	全年出数	每疋成本	每疋售价	销路
郑恒泰	郑德隆	营门口	二〇〇〇元	二四人	九元至一〇元	八张	一六〇疋	四〇元	五〇元	北平、汉口
李仁大	李寿臣	边营	八〇〇〇元	一二〇人	一〇元	四〇张	八〇〇疋	三五元至六五元	四〇元至七〇元	北平
邓裕兴	邓兰生	三条营	二〇〇〇元	二四人	九元	八张	一六〇疋	三二元至四五元	三二元至五〇元	本京
蒋纯州	蒋纯州	门西吉祥街	五〇〇元	六人	九元	二张	四〇疋	四二元	四八元	本京
钧泰	周健堂	五间厅	一五〇〇元	一二人	九元	四张	八〇疋	四四元	四八元	本京
乾泰	姚耀南	六度庵	八〇〇元	九人	九元	三张	六〇疋	三八元	四四元	上海
胡恒记	胡少卿	五间厅	一五〇〇元	一五人	九元	五张	一〇〇疋	四五元	五二元	外埠
耿泉记	耿邦泉	五间厅	五〇〇元	六人	九元	二张	四〇疋	三六元	四二元	本京
陶蓆记	陶心儒	边营	二〇〇〇元	二四人	九元	八张	一二〇疋	三三、四八、五六元	三四、五二、六〇元	北平
陶钰兴	陶兴茂	转龙车	一二〇〇元	一五人	九元	五张	一〇〇疋	三二元	三四元	天津
张庆记	张庆安	转龙车	一〇〇〇元	一二人	九元	四张	八〇疋	四〇元	四四元	浙江、苏州
蔡明记	蔡明清	小井巷	八〇〇元	九人	九元	三张	六〇疋	三五元	三六元	北平
齐裕隆仁记	齐恰秋	实辉巷	五五〇〇元	九〇人	一〇元	三〇张	六〇〇疋	三五元	四〇元	汉口、上海
张荣太	张赫珊	实辉巷	三二〇〇元	四五人	九元	一五张	三〇〇疋	三四元至六五元	四〇元至七〇元	东三省

续表

字号	号主	地址	资本	工人人数	每匹工资	机数	全年出数	每匹成本	每匹售价	销路
田顺兴	田宝银	小陶府	五〇〇〇元	六〇人	九元	二〇张	四〇〇匹	三四〇元至五〇元	三六元至五五元	本京
蔡天和	蔡雨生	乱石堆	一〇〇〇元	一二人	一〇元	四张	八〇匹	四〇元	四四元	北平
方福裕	方叔华	边营	二〇〇〇元	二四人	一〇元	八张	一六〇匹	六五元	七〇元	北平
李聚源	李大荣	小井巷	一五〇〇元	一八人	一〇元	六张	一二〇匹	四〇元	四四元	北平
翁炳记	翁炳生	陶家巷	一〇〇〇元	一二人	九元	四张	八〇匹	三四元	三八元	本京
恒义隆	吕云诚	金沙井	一〇〇〇元	一二人	九元五角	四张	八〇匹	三二元	三六元	安徽
王振昌	王少斋	四圣堂	二〇〇〇元	二四人	九元	八张	一六〇匹	三二元至六〇五元	三四〇元至七〇元	江浙
李复记	李复金	贵人坊	五〇〇元	六人	九元	二张	四〇匹	四二元	四六元	北平
怡昌公	陈壁如 陈子元	李府巷	一五〇〇元	一四人	九元至一一元	五张	一〇〇匹	四二元五〇元至七二元	四七元至六三元	北平、上海
许梓记	许长庚	太平井	三〇〇元	三人	九元	一张	二〇匹	四一元	四五元	本京
姚泰昌	姚景绂	如意桥	一五〇〇元	一五人	一〇元	五张	一〇〇匹	四六元	五〇元	东三省
李保章	李炳生	隋府街	二〇〇〇元	三〇人	一〇元	一〇张	二〇〇匹	三二元	三六元	汉口
李祥和	李耀南	九儿巷	一五〇〇元	三〇〇人	九、一〇、一一元	一〇〇张	二〇〇〇匹	三〇元至七〇元	三三元至八〇元	北五省
夏元大	夏为钟	马坊苑	三〇〇〇元	三〇人	一〇元五角	一〇张	二〇〇匹	五一元	五六元	北平
徐裕丰	徐明皋	乱石堆	一五〇〇元	一八人	九元	六张	一二〇匹	三八元	四二元	苏州

续表

缄号	号主	地址	资本	工人人数	每疋工资	机数	全年出数	每疋成本	每疋售价	销路
陈聚昌	陈聚昌	老府桥	一〇〇〇元	一一人	一〇元	四张	八〇疋	四一元至五九元	四四元至五五元	东三省
曹德源	曹广洪	太平苑	五〇〇元	六人	九元	二张	四〇疋	三八元	四三元	本京
章永昌	章成鸿	太平井	五〇〇元	六人	九元	二张	三八疋	三七元	四二元	本京
林皎记	林振春	太平桥	一〇〇〇元	一二人	一〇元	四张	八〇疋	四六元	五二元	北平
康耕三	康耕三	水西门南伞巷	五〇〇元	六人	九元	二张	三八疋	三八元	四二元	本京
徐筱庭	徐筱庭	斗鸡闸	一四〇〇元	一五人	一〇元	五张	一〇〇疋	四七元	五二元	汉口、北平
刘家财	刘家财	斗鸡闸	五〇〇元	六人	九元	二张	四〇疋	三九元	四四元	本京
周耀堂	周耀堂	门东双塘	二五〇元	三人	九元	一张	二〇疋	三八元	四三元	本京
沈德荣	沈德荣	转龙巷	三〇〇元	三人	一〇元	一张	二〇疋	四〇元	四四元	本京
柳炳增	柳炳增	大树城	五〇〇元	五人	一〇元	二张	四〇疋	四〇元	四五元	本京
龚正阳	龚正阳	大树城	五〇〇元	六人	一〇元	二张	四〇疋	三九元	四三元	本京
史源泰	史学云	大树城	一五〇〇元	一五人	一〇元	五张	一〇〇疋	三四元至四八元	三六元至五二元	本京
王学昭	王学昭	正觉寺	一〇〇〇元	一二人	一〇元	四张	七六疋	三九元	四五元	本京
段荣垣	段荣垣	石观音	五〇〇元	六人	九元	二张	四〇疋	三二元	三五元	本京
梅祥高	梅祥高	石观音	八〇〇元	一〇人	九元	三张	五八疋	四〇元	四四元	本京

续表

缎号	号主	地址	资本	工人人数	每疋工资	机数	全年出数	每疋成本	每疋售价	销路
奚锦明	奚锦明	边营	一〇〇〇元	一二人	一〇元	四张	八〇疋	四六元	五〇元	本京
张振才	张振才	仁厚里	五〇〇〇元	六人	九元	二张	四〇疋	三三元	三六元	本京
王翰东	王翰东	边营	九〇〇元	九人	一〇元	三张	六〇疋	三九元	四〇元	本京
钱明亮	钱明亮	军师巷	八〇〇元	九人	一〇元	三张	六〇疋	四四元	五〇元	本京
王长荣	王长荣	三条营	八〇〇元	八人	一〇元	三张	五七疋	四二元	四六元	本京
张班明	张班明	小荷花巷	五〇〇元	六人	九元	二张	四〇疋	三九元	四四元	本京
余荣兴	余荣兴	马坊苑	七〇〇元	八人	九元	三张	五〇疋	三七元	四〇元	本京
朱长海	朱长海	边营	八〇〇元	九人	一〇元	三张	六〇疋	三八元	四二元	本京
方少记	方少复	中营	一〇〇〇元	一二人	一〇元	四张	七五疋	四二元	四六元	本京
裕大福记	何绍勋	钓鱼台	一〇〇〇〇元	一二〇人	一〇元至一一元	四〇张	八〇〇疋	四二元至六三元	四四元至六八元	北五省
徐稀大	徐禹西	三铺两桥	八〇〇〇元	一二〇人	九元至一一元	四〇张	七八〇疋	三三元至五九元	三六元至六六元	东三省
吴立祥	吴立祥	杨将军巷	一〇〇〇元	一一人	一〇元至一一元	四张	八〇疋	三六元至五二元	三九元至五八元	北五省
马正田	马正田	老府桥	三〇〇元	三人	九元	一张	二〇疋	三七元	四三元	本京

附注 表内资本一项系由机数估计

二、首都缎业概况统计表 十八年十一月

机户总数	二百九十四家
机数	三千一百一十一张
资本总数	八十万九千四百五十元
工人总数	九千四百四十六人
每疋工资平均数每疋五丈	十元
每疋平均价值每疋五丈	六十元
每年出品总数	六万一千七百三十三疋
每年出品总值	三百七十万零三千九百八十元

第二章 锦缎业

第一节 锦缎业之沿革

江宁织锦之艺,由来已久。究创始于何年,发明者何人,以年远湮没,均不可考。至宋时,朝廷羡其绚郁华丽,每用以装饰宫殿,如棹围、垫褥以及张盖、仰墙之类均用之,后人谓之曰宋锦,为锦织之最古者。当时,皇帝以外无敢用者,织造仅用梭穿,作工亦不精细。迨后,历代帝王喜用以做袍,始有龙袍之制焉,至明、清两朝方盛行。当满清时代,江南锦缎乃贡品中之最珍贵者,故设有专司监察督制,匠人因以悉心研究,翻陈出新,五光十色,花样增多,冀蒙皇家赏鉴,为无上光荣。因是妆花之织,于清康熙年间出品最多。或曰,此法即创始于康熙时也(妆花织法说明见后)。任何花卉、禽兽、绘谱均能如样制织,丝毫不爽,光怪陆离,极形美观,宫中衣料悉用之。至乾隆时,用途益广,凡皇族、亲王亦渐有用以为衣者。说者谓此锦业最盛时代也。

经辛亥革命推倒清室,此类古董之制品亦随之以衰落,机户停织,工人分散。旋以蒙古、西藏用途如昔,仍由素操蒙藏织品者经营维持,不过仅保存少数之机户与工人而已。复因西人来华游历者,见锦缎华丽美观,均争购之,后始有椅垫、琴条、台锦、手夹、钱包等类之织造,花式繁多,出品新颖。迩年来,多运售欧美各国,业此者稍见起色。惜多墨守成规,鲜知改进,且多贪图小利,用料不佳,锦缎业前途实多隐患。如能得人指导,选料认真研究,改良颜色、式样,务投西人心好,其前途发达正未有艾。兹述其沿革大略如是。

第二节　最盛时代之概况

按,锦业最盛时代,当推前清康、乾两帝在位时为极,除皇帝、亲王必用外,兼答谢越南、朝鲜等小国赠礼之需。复售与驻坐南京之富商大贾,运往蒙古及西藏等处。彼时织品尚妆花(妆花织法系何人发明,亦不可考,法用小竹,长约三寸许,粗若普通之笔杆,然绕各色丝绒或金银线之类于上,由提花者将经丝提起,匠人配各色丝,织成花卉、鸟兽之形)。此类织法工精料美,巨细认真,花样繁多,鲜研夺目。工人又不惮思虑,不惜时间,精益求精,日新月异,冀获皇家赏视,博取荣名,是以人争趋之,锦织因以大盛。据世职斯业者云,当极盛时代,织锦机户约二百余家,每家机数由二三张至五六张不等,十张以上者几稀,每年出品总数约值银二百余万两;依此求生活之工人,如织染、绘图、挑花者等等,当有万数千,由知当时之盛况。江南业此因以致富者,亦颇不乏人。

第三节　性质及资本

织锦者,系属半工半商性质者居多,一面织造,一面售卖;亦有纯为作工家,虽有机代人织造,只得工资,均在家庭工作,可谓之家庭工艺。匪特无工厂之组织,亦无专设出售锦缎之商号,以广行销。推原其故,自有种种远因,及其他背景所演成。要在无较大之资本者,能力事提倡。即或前有因业此致富者,现多改业,或坐享清福,不欲劳心费力,重张旗鼓;亦有欲整旧业,因见销路迟滞,无法转圜,以致屡兴屡仆,致不能持久。至刻下之业,此业较为稳固者,一探其资本,几令人挢舌。据访询所得,资本在万元以上者几无所闻,纵或有之,亦仅一二家而已,均系二千、三千多至四五千元之谱。织售回还,以资周转。观乎此,锦业情况殊形微末。

第四节　织造及工人

织锦工作,手续纷繁。工人分工,种类亦多,大半于织缎者相同之手续外,还有特别之织法。即用梭织之妙,能成各色花卉、人物。更有妆花配合,颜色竟有十余种之多。织工似别具慧心,一丝不乱,织成各类禽兽、草木、奇异之形,秀雅美丽,惟妙惟肖 ①。兹将织造必经之手续及分工情况,顺序分述如下。

（一）关于丝工者

经丝到家,须先经理治,多系女士或童工为之,后发给车户摇之,谓之摇工。摇成,发与染工染之。染后,又发给挌工挌之。挌成,则令捧工捧之。捧毕,等候上机。其中,还须经过打范、接头等工作,即可上机。又欲织何种花样,须先将预挑之花本(系用纵、横线经专门工人编成者),与经丝接连,以

---

① 原文作"维妙维肖"。

便提拽，然后织造。

（二）关于织工者

每机一张，须织工一人，专司织职。如配用各色丝绒，或金银线之类，其责属之。又，拽花者一人，坐于机上，依接连之花本线，将经丝间跳提起，以供司织之穿梭。又摇经者一人，时将纬丝绕于小管上，以备用于机梳中，兼理治经面。如遇断头或交叉之丝，随时衔接理顺，以利织造。此四人者为正项工人，须臾不可离，而锦缎以成。

（三）关于附工者

除治丝与织造各等工人外，还有附属之工人亦甚夥。如绘图谱者，俗谓之画花样者。凡欲织造一种新式花样，须先经专门绘图谱者照原样绘成，然后发给挑花本者，挑成花本上织成与原样无异（若将原样交给挑花本者，不能照挑，非经此专门绘图者不可）。并有制造真假金银线者，及染造各色丝绒者。又有制造范子者，所用范子纯系线制，则有专门线工制范，以供应用。此外，所需之机械器具等物甚多，有铁，有木，有竹，均系专门工匠，绝非普通匠人所能为也。

总观上列各等工作工人，不下十七八类，彼此分工合作，锦缎得成。是一艺之兴，养人不少，生活之道暨乎是矣。工艺之盛衰，关于民生至要，岂可忽视？

附表

一、首都锦缎业调查表

号名	号主	地址	资本	工人人数	每疋工资	机数	全年出数	每疋成本	每疋售价	销路
李如义	李如义	金粟庵	三〇〇元	四人	一元二角六分	二张	一四〇疋	一二元	二〇元	蒙古、西藏
施万兴	施万兴	梁家巷	五〇〇元	六人	一元二角六分	三张	二〇〇疋	一二元	一九元	蒙古、西藏
李东兴	李子凡	梁家巷	六〇〇元	八人	一元二角六分	四张	二八〇疋	一二元	二〇元	东三省、西藏
戴天盛	戴士发	窦家园	三〇〇元	四人	一元二角六分	二张	一四〇疋	一二元	二〇元	东三省、西藏
张富海	张富海	转龙巷	五〇〇元	六人	一元二角六分	三张	二〇〇疋	一二元	二〇元	东三省、西藏
王启荣	王启荣	转龙巷	一六〇元	二人	一元二角六分	一张	七〇疋	一二元	一九元	东三省、西藏
陆开贤	陆开贤	老虎桥	一〇〇〇元	一一人	一元二角六分	六张	四〇〇疋	樟套一二元至一四元	一八元至二二元	东三省、蒙古、西藏
王南银	王南银	太平桥	八〇〇元	一〇人	一元二角六分	五张	三五〇疋	一二元至一四元	一八元至二二元	蒙古、西藏
耿班臣	耿班臣	太平苑	六〇〇元	八人	一元二角六分	四张	一八〇疋	一二元	二〇元	蒙古、西藏
金传荣	金传荣	善司庙	六〇〇元	八人	一元二角六分	四张	二八〇疋	一二元	二〇元	蒙古、西藏
李云洲	李云洲	转龙车	一六〇元	二人	一元二角六分	一张	七〇疋	一二元	二〇元	西藏
贾锦森	贾锦森	天喜长生祠	三〇〇元	四人	一元二角六分	二张	一四〇疋	一二元	二〇元	西藏

续表

号名	号主	地址	资本	工人人数	每疋工资	机数	全年出数	每疋成本	每疋售价	销路
金源鑫	金源鑫	凤游寺	五〇〇元	六人	一元二角六分	三张	二〇〇疋	一二元	二〇元	蒙古
熊德福	熊德福	来凤街	三〇〇元	三人	一元二角六分	二张	一四〇疋	库金 五元至一〇元	一〇元至一八元	蒙古
刘鸿兴	刘鸿兴	瓦官寺	五〇〇元	六人	一元二角六分	三张	二〇〇疋	一二元	二〇元	蒙古
陈庆余	陈庆余	五福寺	五〇〇元	六人	一元二角六分	三张	二〇〇疋	樟套 五元至九元	一〇元至一八元	蒙古、西藏
袁保洪	袁保洪	善司庙	三〇〇元	四人	一元二角六分	二张	一四〇疋	一二元	二〇元	蒙古
陈庆有	陈庆有	来凤街	三〇〇元	四人	一元二角六分	二张	一四〇疋	倚垫 一二元	一八元	蒙古
汪锦源	汪锦源	金粟庵	一〇〇〇元	一二人	一元二角六分	六张	四〇〇疋	一一元	二〇元	蒙古
施家余	施家余	沐府西门	五〇〇元	六人	一元二角六分	三张	二〇〇疋	一二元	二〇元	蒙古、西藏
刘德元	刘德元	大纱帽巷	六〇〇元	八人	一元二角六分	四张	二八〇疋	一二元	二〇元	蒙古、西藏
祁德秉	祁德秉	陆家巷	三〇〇元	四人	一元二角六分	二张	一四〇疋	一二元	一九元	蒙古、西藏
祁德秦	祁德秦	驾驾桥	六〇〇元	八人	一元二角六分	四张	二八〇疋	一二元	一九元	东三省、西藏
杨春深	杨春深	止马营	六〇〇元	八人	一元二角六分	四张	二八〇疋	一二元	二〇元	西藏
王炳南	王炳南	沈举人巷	八〇〇元	一〇人	一元二角六分	五张	三五〇疋	一二元	二〇元	蒙古
耿祥泰	耿祥泰	田吉营	三〇〇元	四人	一元二角六分	二张	一四〇疋	一二元	一九元	蒙古
朱广兴	朱广兴	石榴园	五〇〇元	六人	一元二角六分	三张	二〇〇疋	一二元	一九元	蒙古

续表

号名	号主	地址	资本	工人人数	每疋工资	机数	全年出数	每疋成本	每疋售价	销路
高锦成	高锦成	双石鼓	五〇〇元	六人	一元二角六分	三张	二〇〇疋	一二元	一九元	蒙古
唐钧	唐钧	火星庙	三〇〇元	四人	一元二角六分	二张	一四〇疋	一二元	二〇元	蒙古
魏正祥	魏正祥	红庙	三〇〇元	四人	一元二角六分	二张	一四〇疋	一二元	二〇元	蒙古
申天佑	申①天佑	大影壁	三〇〇元	四人	一元二角六分	二张	一四〇疋	一二元	一九元	蒙古
张德元	张德元	驾驾桥	一〇〇元	四人	一元二角六分	二张	一四〇疋	一二元	二〇元	西藏
刘广兴	刘广兴	花家巷口	三〇〇元	四人	一元二角六分	二张	一四〇疋	一二元	二〇元	西藏
杨鸿兴	杨鸿兴	南台巷	二〇〇元	四人	一元二角六分	二张	一四〇疋	一二元	二〇元	蒙古
王国福	王国福	如意里	五〇〇元	六人	一元二角六分	三张	一四〇疋	一二元	二〇元	蒙古
王国樑	王国樑	三茅宫	三〇〇元	四人	一元二角六分	二张	一四〇疋	一二元	一九元	东三省、蒙古
黄根荣	黄根荣	半边街	三〇〇元	四人	一元二角六分	二张	一四〇疋	一二元	二〇元	蒙古、西藏
李廷玉	李廷玉	螺丝转湾	五〇〇元	六人	一元二角六分	三张	二〇〇疋	一二元	二〇元	蒙古、西藏
伍子和	伍子和	龙蟠里	六〇〇元	八人	一元二角六分	四张	二八〇疋	一二元	二〇元	蒙古、西藏
孙锦章	孙锦章	豆菜桥	六〇〇元	八人	一元二角六分	四张	二八〇疋	一二元	二〇元	蒙古、西藏
朱源兴	朱源兴	龙蟠里	三〇〇元	四人	一元二角六分	二张	一四〇疋	一二元	二〇元	蒙古、西藏

① "申"当为"申"。

续表

号名	号主	地址	资本	工人人数	每疋工资	机数	全年出数	每疋成本	每疋售价	销路
刘鹤鸣	刘鹤鸣	明瓦廊	三〇〇元	四人	一元二角六分	二张	一四〇疋	一二元	一九元	蒙古，西藏
郑惠太	郑惠太	双石鼓	三〇〇元	四人	一元二角六分	二张	一四〇疋	一二元	一九元	东三省，西藏
谷荣鑫	谷荣鑫	韩家巷	三〇〇元	四人	一元二角六分	二张	一四〇疋	一二元	二〇元	东三省，西藏
陈金生	陈金生	廊背后	三〇〇元	四人	一元二角六分	二张	一四〇疋	一二元	二〇元	东三省，西藏
黄春源	黄春源	唱经楼	三〇〇元	一〇人	一元二角六分	五张	三五〇疋	一二元	二〇元	西藏，蒙古
吴静斋	吴静斋	陈家牌楼	三〇〇元	二人	二元五角	二张	七〇疋	一八元	二六元	西藏，蒙古

二、首都锦缎业概况统计表

机户总数	四十七家
机数	一百三十五张
资本总数	二千一百一十二元
工人总数	二百六十七人
每疋工资平均数每疋一丈一尺	一元二角六分
每疋平均价值每疋一丈一尺	二十元
每年出品总数	九千二百四十疋
每年出品总值	十八万四千八百元

第三章　漳缎业、漳绒业及建绒业

第一节　漳缎业之概况

南京织造漳缎,始于清初,闻由苏州传入。迨至光宣之间,斯业大盛,男褂女袄风行一时。近年以来,则衰微达于极点。考其失败之原因,首为出品不合时尚所趋,服用减少;次则故步自封,不谋改进,所产花色不多,难与他种织物竞争,因之一再淘汰,难于维持。

漳缎为缎地、绒花之织物,应用一种木机,构造较为复杂。所出花样,挑制时价值极昂,每本最少需洋四十元,最多有至七十元以上者。其花样之配合,为其织造时最要注意之一点。在该业最盛时期,每年出品总值约有二十万元之谱。现在织者仅有四户,机数八张而已。所产行销广东一处,为制造鞋面之用。漳缎原料每尺约有细肥丝各一两,每疋其阔一尺八寸,长由三四尺至四丈,视乎购者需要之多寡而定。普通每疋长二丈,成本须卅四元,售价约三十七元,零售每尺价约二元左右。每日每人工资约大洋三角,由雇主供给缮宿。每日每工可织二尺五寸左右。十八年分调查该业时,其生产数量约得一百九十余疋,出品总值约七千一百四十余元,其出数比较盛时减少百分之九十三。由此以观,如不急起直追,以谋改良,则斯业恐将消灭于无形矣。

附表

一、首都漳缎业调查表

号主	地址	资本	工人人数	每疋工资	机数	全年出数	每疋成本	每疋售价	销路	用途
万大顺	明瓦廊	五〇〇元	八人	一〇元	二张	四八疋	三四元	三七元	广东	鞋料
夏秀记	小丰富巷	五〇〇元	八人	一〇元	二张	五〇疋	三三元	三七元	两广	鞋料
魏松茂	洪武街	五〇〇元	八人	一〇元	二张	四七疋	三五元	三七元	广州、梧州	鞋料
陈德椿	洪武街	五〇〇元	八人	一〇元	二张	四八疋	三五元	三八元	外埠	鞋料、弓褂料

二、首都漳缎业统计表

机户总数	四家
机数	八张
资本总数	二千元
工人总数	三十二人
每疋工资平均数 每疋二丈	十元
每年出品总数	一百九十三疋
每疋平均价值	三十七元
每年出品总值	七千一百四十一元

第二节　漳绒业之概况

南京漳绒业之兴,约在六十年前。初自福建省传入,现为当地著名特产物之一。其织造方法,每投三梭,而以铁丝一根横贯其中,为二重织物,成件落机,乃依指定花样,局部雕为绒地;所费手续,雕工与织工约一与四之比,其花样部分之起绒织物,所以别于建绒者也。漳绒应用不广,只有马褂、坎肩、椅垫等类配制成件,出售于市,谓之曰特种织物。其原料方面,有混用棉纱之品。机数与全丝织品均为一与二之比。十八年分调查漳绒业时,丝棉交织物机户三十六家,机数五十七张,资本总数七千三百六十元,工人总数二百十二人;每疋平均工资六元二角,全年出数一千三百四十三疋。每疋平均价值以二十八元五角计算,则出品总值得三万八千一百七十五元。而丝织物机户五十六家,机数一百另二张,资本总数一万七千二百三十元,工人总数三百七十人，人每^①平均工资六元五角。全年出数二千四百另九疋，每疋平均价值以四十三元五角计算，则出品总值可得十万另四千七百九十一元。统计表内，以丝、棉两种织物每疋平均价值三十六元、全年出数两共三千七百五十二疋计算，每年出品总值一十三万五千另七十二元记录之。其销路方面，以运售东三省、北平、两广、安徽、汉口、上海等处为多，每疋纯利约在四元之谱。漳绒业在距今二十年前衰败情形既达极点，后经缎商李寿亚氏之研究翻制新色花样，改良各种出品，维持至于今日。而最近又以不合时尚，该业再处为难地位，销路日滞。自前年以来，相继停织者六十七家矣。

---

① 应为"每人"。

附表

一、首都漳绒业调查表

号主	地址	资本	工人人数	每疋工资	机数	全年出数	每疋成本	每疋售价	销路	类别
朱永明	曹都巷	一三〇〇元	二八人	六元五角	八张	二〇〇疋	三五元至四四〇元	四〇元至四五元	天津、北平、东三省	丝
任春锦	崔八巷	一一〇元	四八人	六元五角	一张	二四疋	二八元	三〇元	本京	棉
应永兴	慈悲社	五〇〇元	一〇八人	六元四角	三张	七〇疋	三六元	四〇元	东三省、北平	丝
王土进	大夜子巷	一六〇〇元	四八人	六元五角	一张	二三疋	三七元	四二元	本京	丝
杜德洪	三道高井	五〇〇元	一一八人	六元二角	三张	七二疋	二八元	三二元	天津、北平、东三省	棉
夏秀功	龚家桥	一六〇元	四八人	六元五角	一张	二三疋	三五元	三八元	本京	丝
孙万春	堂子巷	三五〇元	七人	六元五角	二张	五〇疋	三六元	四一元	外埠	丝
葛正祥	明瓦廊	四五〇元	四八人	六元三角	一张	二四疋	二七元	三〇元	本京、扬州、里下河	棉
陈长贵	新街口	二四〇元	七八人	六元三角	一张	四七疋	二八元	三二元	天津、北平、东三省	棉
刘炳南	五间厅	一六〇元	四八人	六元五角	一张	二四疋	三六元	四〇元	本京	丝
胡锦祥	三茅宫	一二〇元	四八人	六元四角	一张	二二疋	二八元	三〇元	本京	棉
季广生	陆家巷	一六〇元	七八人	六元四角	一张	二五疋	三五元	四〇元	本京	丝
王家魁	陆家巷	三五〇元	七人	六元五角	二张	四八疋	三六元	四二元	天津、北平、东三省	丝
王益德	左所巷	三五〇元	七人	六元三角	二张	四七疋	三四元	三八元	北平、东三省	丝

续表

号主	地址	资本	工人人数	每匹工资	机数	全年出数	每匹成本	每匹售价	销路	类别
马义松	老米桥	二四〇元	七人	六元五角	二张	四五匹	二七元	三〇元	北平、东三省	棉
戴长桢	明瓦廊	一六〇元	四人	六元五角	一张	二五匹	三五元	四〇元	本京	丝
戴长林	明瓦廊	一六〇元	四人	六元五角	一张	二四匹	三四元	三八元	本京	丝
戴长森	明瓦廊	一六〇元	四人	六元五角	一张	二四匹	三六元	四〇元	本京	丝
胡万兴	吉兆营	一六〇元	四人	六元三角	一张	二二匹	三五元	四〇元	本京	丝
金盛兴	汉西门石桥	一六〇元	四人	六元五角	一张	二〇匹	三六元	四〇元	本京	丝
陈金鉴	大丰富巷	一〇〇〇元	二一人	六元五角	六张	一五〇匹	三七元至四四元	四二元至四七元	北平、上海、东三省	丝
王德寿	明瓦廊	二四〇元	七人	六元五角	二张	五〇匹	二七元	三〇元	外埠	棉
刘文兴	明瓦廊	四〇〇元	七人	六元五角	二张	四八匹	三六元	四〇元	本京	丝
张承权	天主堂	五〇〇元	一〇人	六元五角	三张	七〇匹	三五元	四〇元	北平、汉口、东三省	丝
杜长海	明瓦廊	七〇〇元	一四人	六元五角	四张	九六匹	三四元	三八元	北平、汉口	丝
薛德源	老坊巷	一六〇元	四人	六元五角	一张	二一匹	三六元	四〇元	本京	丝
王永金	双石鼓	一二〇元	四人	六元五角	一张	三三匹	二七元	三〇元	本京	棉
周广钰	三茅宫	三二〇元	七人	六元三角	二张	四七匹	三五元	四〇元	营口、东三省	丝
毛维铺	陆家巷	七〇〇元	一四人	六元五角	四张	九五匹	三四元	三九元	营口、东三省	丝
罗兆松	三道高井	三四〇元	七人	六元四角	二张	四五匹	三六元	四〇元	东三省	丝

续表

号主	地址	资本	工人人数	每疋工资	机数	全年出数	每疋成本	每疋售价	销路	类别
陈贵生	陆家巷	一八〇元	四人	六元五角	一张	二三疋	三七元	四〇元	本京	丝
贾泰德	崔八巷	一六〇元	四人	六元三角	一张	二三疋	三六元	三九元	北平、汉口	丝
严士富	天主堂	六〇〇元	一七人	六元五角	五张	一二〇疋	三八元	三二元	苏州、北平、安庆	棉
季有才	猫鱼市	三四〇元	一〇人	六元一角	三张	七〇疋	三七元	三〇元	上海、苏州	棉
严家贵	三元巷	一六〇元	四人	六元五角	一张	二四疋	三六元	四〇元	天津、广州	丝
陈金钟	土街口	五〇〇元	一一人	六元四角	三张	七四疋	三五元至三八元	三八元至四〇元	天津、广州	丝
薛德金	老坊巷	一六〇元	四人	六元五角	一张	二一疋	三六元	四〇元	北平、本京	丝
吕起源	天主堂	三四〇元	七人	六元三角	二张	四二疋	三七元	四〇元	东三省、北平	丝
李松海	天主堂	一二〇元	四人	六元一角	一张	二二疋	二八元	三〇元	外埠	棉
夏秀清	崔八巷	四〇〇元	七人	六元五角	二张	四八疋	三七元	四〇元	东三省	丝
郑广兴	慈悲巷	三五〇元	一〇人	六元二角	三张	七一疋	三七元	三〇元	北平、汉口	棉
赵长林	天主堂	一二〇元	四人	六元二角	一张	二三疋	三七元	三〇元	天津、汉口	棉
李厚芝	双石鼓	二四〇元	七人	六元二角	二张	四七疋	二八元	三二元	天津、汉口	棉
武长庆	天主堂	一二〇元	四人	六元二角	一张	二四疋	二七五	三〇元	北平、天津	棉
高春和	新街口	一一〇元	四人	六元一角	一张	二二疋	三七元	三一元	北平、东三省	棉
陈金保	汉西门	一六〇元	四人	六元五角	一张	二〇疋	三六元	四〇元	天津、东三省	丝
宋聚贵	王府巷	五〇〇元	一〇人	六元五角	三张	七二疋	三七元	四〇元	上海、汉口、东三省	丝

续表

号主	地址	资本	工人人数	每疋工资	机数	全年出数	每疋成本	每疋售价	销路	类别
杜方荣	易家桥	一二〇元	四人	六元一角	一张	二四疋	二七元	三〇元	北平、汉口	棉
潘荣峯	铜银巷	二四〇元	七人	六元二角	二张	四七疋	二八元	三一元	广东、东三省	棉
夏文福	明瓦廊	一二〇元	四人	六元二角	一张	二三疋	二七元	三一元	东三省、广东	棉
陈明垣	崔八巷	一二〇元	四人	六元二角	一张	二一疋	二八元	三二元	外埠	棉
王如煋	陆家巷	三五〇元	七人	六元五角	二张	四四疋	三六元	三九元	北平、广东	丝
刘有树	老米桥	三五〇元	七人	六元四角	二张	四五疋	三七元	四〇元	天津、东三省	丝
陈春泉	丰富巷	三五〇元	七人	六元五角	二张	四七疋	二八元	四〇元	汉口、广州	丝
朱正森	曹都巷	一六〇元	四人	六元四角	一张	二四疋	三六元	四〇元	天津、汉口、东三省	丝
宋建黄	船板巷	三五〇元	七人	六元四角	二张	五〇疋	三七元	四〇元	天津、营口	丝
何长生	明瓦廊	二四〇元	七人	六元一角	二张	四七疋	二七元	三〇元	北平、汉口	棉
杨义海	高家酒馆	一二〇五元①	四人	六元二角	一张	二四疋	二八元	三一元	本京、北平	棉
郡德锦	陆家巷	一六〇元	四人	六元五角	一张	二四疋	二六元	三九元	天津、东三省	棉
马学才	双石鼓	二四〇元	七人	六元二角	二张	四六疋	二七元	三〇元	北平、汉口	丝
徐福源	左所巷	二四〇元	七人	六元二角	二张	四五疋	二八元	三〇元	北平、营口	棉

① "五"当为"元"。

53

续表

号主	地址	资本	工人人数	每疋工资	机数	全年出数	每疋成本	每疋售价	销路	类别
施传生	左所巷	二四〇元	七人	六元二角	二张	四四疋	二八元	三二元	安徽、广东	棉
汤玉江	汉西门	二四〇元	七人	六元四角	二张	四二疋	二七元	三〇元	北平、湖南	棉
袁煜斋	天主堂	五〇〇元	一〇人	六元五角	三张	七〇疋	三六元	四〇元	北平、营口	丝
姚子玉	汉西门	一一〇元	四人	六元二角	一张	三三疋	二七元	三〇元	广州、汉口	棉
张桂华	长乐街	一六〇元	四人	六元五角	一张	三五疋	三六元	四〇元	北平、营口	丝
梁焕旺	仓顶	一六〇元	四人	六元五角	一张	二四疋	三七元	四一元	天津、汉口	丝
金松林	明瓦廊	二四〇元	七人	六元二角	二张	四八疋	二七元	三〇元	广州、汉口	棉
葛连福	陆家巷	一一〇元	四人	六元五角	一张	二四疋	一八元	三二元	安徽、北平	棉
陈贵楼	陆家巷	三五〇元	七人	六元五角	二张	四三疋	三六元	四〇元	天津、营口	丝
薛宝柱	新街口	一六〇元	四人	六元五角	一张	二一疋	三七元	四一元	天津、汉口、东三省	丝
夏秀旺	小丰富巷	一二〇元	四人	六元二角	一张	二一疋	二七元	三一元	北平、汉口、东三省	棉
朱绵荣	小丰富巷	三五〇元	七人	六元五角	一张	四四疋	二七元	四一元	北平、天津、东三省	棉
吕起柄	南台巷	三四〇元	七人	六元五角	二张	四六疋	三六元	四〇元	北平、汉口、东三省	丝
周兆祥	易家桥	二四〇元	七人	六元二角	二张	四八疋	二七元	四〇元	北平、汉口、东三省	丝
张宝生	崔八巷	一六〇元	四人	六元二角	一张	二四疋	三六元	三〇元	北平、汉口	棉
魏正金	崔八巷	一八〇元	四人	六元五角	一张	二四疋	三七元	四〇元	汉口、东三省	丝
王正记	张府园	一八〇元	四人	六元五角	一张	二五疋	三八元	四二元	北平、东三省	丝

续表

号主	地址	资本	工人人数	每疋工资	机数	全年出数	每疋成本	每疋售价	销路	类别
张炳兴	天主堂	一六〇元	四人	六元五角	一张	二二疋	三六元	四〇元	天津、营口	丝
张成玉	天主堂	三五〇元	七人	六元四角	二张	四二疋	三六元	四〇元	天津、营口	丝
施传义	小石桥	三四〇元	七人	六元四角	二张	四八疋	三七元	四二元	天津、汉口	丝
董焕章	三茅宫	三五〇元	七人	六元五角	二张	四六疋	三六元	四〇元	北平、营口	丝
裘瑞亭	三茅宫	一二〇元	四人	六元二角	二张	三三疋	二七元	三〇元	北平、汉口	棉
侯恒彬	天主堂	一二〇元	四人	六元二角	二张	二三疋	二七元	三〇元	北平、汉口	棉
夏文彬	半边营	一六〇元	四人	六元五角	一张	二四疋	三六元	四〇元	北平、汉口	丝
陈春顺	土街口	一六〇元	四人	六元五角	一张	二五疋	三六元	四〇元	天津、营口	丝
杨贵椿	新街口	一六〇元	四人	六元五角	一张	二四疋	三七元	四二元	北平、东三省	丝
何魁金	崔八巷	一二〇元	四人	六元二角	一张	二二疋	三七元	三〇元	天津、汉口	棉
王修其	陆家巷	一六〇元	四人	六元二角	一张	二五疋	三七元	四〇元	北平、东三省	丝
姚子义	汉西门	一二〇元	四人	六元三角	一张	二二疋	三七元	三〇元	汉口、北平	棉
夏如兴	三茅宫	一二〇元	四人	六元二角	一张	二〇疋	二八元	三一元	天津、汉口	棉
王维鑫	明瓦廊	一六〇元	四人	六元五角	一张	二四疋	三六元	四〇元	汉口、天津	丝

附　停织各户名开列于下

号主	地址	号主	地址	号主	地址	号主	地址	号主	地址
邵永兴	螺丝湾	范锦森	周必由巷	汤宝仁	螺丝湾	陈明玉	估衣廊	罗恭慎	左所巷
王学贤	铜作坊	朱正元	曹都巷	王修教	陆家巷	刘长明	罗汉寺	张正鸿	罗汉寺
丁德润	双石鼓	戴长禄	明瓦廊	杜长树	新街口	杜长源	新街口	杨金松	新街口
潘学林	张府园	吴锦荣	张府园	金周荣	天主堂	汪炳南	铁管巷	吴裕丰	铁管巷
李万福	铁管巷	李长源	明瓦廊	郭华三	陆家巷	张春荣	三茅宫	倪锦椿	高家酒馆
孙如松	三茅宫	刘长林	罗汉寺	翁铺廷	三茅宫	刘永旺	五百户	张金奎	螺丝湾
朱炳成	马巷	梁广坤	二道高井	夏宏兴	罗汉寺	许复生	崔八巷	朱炳荣	破布营
魏正茂	崔八巷	胡志旺	上河	陈金才	大板巷	易先洲	太平街	孙长海	陆家巷
郑长义	三元巷	刘德和	糖坊桥	张金泰	羊示洲	杜文才	小板巷	刘永旺	五百户
倪永昌	李陵卫	张明洪	龚家桥	卜国瀛	大丰富巷	卜国荣	双石鼓	蔡正祥	红庙
张锡侯	天主堂	王耀卿	大香炉	梁福源	三道高井	许德茂	丰富巷	毕庆福	三元巷
王国祥	虎踞关	杨孝田	高家酒店	井春鸿	磨盆街	陈立助	明瓦廊	陈广发	明瓦廊
陈少亭	小门口	郑长财	三元巷	王有银	三元巷	甘盛华	花牌楼	范长春	大香炉
王长保	双石鼓	严士铭	小丰富巷						

共计六十七家

二、首都漳绒业概况统计表

机户总数	九十二家
机数	一百五十九张
资本总数	二万四千五百九十元
工人总数	五百八十二人
每疋工资平均数每疋二丈	六元三角五分
每疋平均价值每疋二丈	三十六元
每年出品总数	三千七百五十二疋
每年出品总值	十三万五千另七十二元

第三节　建绒业之概况

南京建绒，初自闽省仿制而来，又以其地古名建业，因称建绒，为缎业中之一部分，乃完全家庭手工，大多世其业。应用一种木机，织时每投四梭，嵌以竹丝，使成二重织物，然后全部割断成绒。每疋长约二丈，宽约一尺八寸，普通经丝七千二百头行。每疋用经四十两，纬十七两，量重者经纬共得六十两。每机一张，每年可织二十疋。建绒制品，初均为纯丝织物，后有混用棉纱之交织物，因分丝地、棉地二种。棉地者，每疋成本价值自十二元至四十二元；丝地者，每疋成本价值三十八元至五十二元。每疋工资，则丝、棉地二种无甚差异，约自九元五角至十元之间。

此次调查时，十八年分建绒业丝地机户九十九家，机数二百二十八张，资本总额三万七千九百二十元，工人人数八百三十一人，全年生产总数四千三百六十一疋。如每疋平均工资以十元、平均价值以四十九元计算，则出品总值可得二十一万三千六百八十九元。棉地机户有六十八家，机数一百另一张，资本总额一万一千五百一十元，工人人数三百七十六人，全年生产总数一千八百二十八疋。每疋平均工资以九元五角、平均价值以二十五元五角计算，则出品总值可得四万六千六百一十四元（建绒业统计表内以丝、棉地两种织物平均价值每疋三十七元二角五分计算，故总值因之有异）。其销路方面，以河北、安徽、江苏、浙江、湖南、湖北、西藏、内蒙等处为多，每疋批售利益约自二元至六元之谱。建绒业近以营业不振，生活维艰，乃息借流动资本，或赊欠丝经，以资周转。而该业机户泰半偏于北城，现在房租价高，每将机址改作住屋，出赁于人，较为有利可图，斯业情形可谓每况愈下者矣。

附表

一、首都建绒业调查表

号主	地址	资本	工人人数	每疋工资	机数	全年出数	每疋成本	每疋售价	销路	类别
朱永明	曹都巷	一六〇〇元	四人	一〇元	一张	二〇疋	四〇元至五〇元	四二元至六六元	江苏、浙江、湖南、湖北	丝
段起源	四根竿子	二六〇〇元	七人	一〇元	二张	三六疋	九元至三七元	一〇元至四〇元	浙江、西藏、蒙古、湖南、安徽	棉
任春锦	崔八巷	一一〇〇元	四人	九元五角	一张	一八疋	一〇元至三八元	一〇元至四〇元	西藏、蒙古、广广各处	棉
应永兴	慈悲社	五〇〇〇元	一一人	一〇元	三张	六二疋	四〇元至五四元	四二元至六六元	两湖、湖、浙、江、北平	丝
王士进	大盆子巷	一二〇〇元	四人	九元五角	一张	一五疋	九元至三六元	一〇元至四〇元	西藏、蒙古、北平、安徽	棉
杜德洪	三道高井	四二〇〇元	一四人	九元六角	四张	七八疋	九元至三八元	一〇元至四〇元	西藏、蒙古、北平、安徽	棉
夏秀功	龚家桥	五〇〇〇元	一一人	一〇元	三张	二〇疋	四〇元至五〇元	四二元至五四元	江苏、浙江、湖南、湖北	丝
孙万春	堂子巷	三五〇〇元	七人	一〇元	一张	三六疋	三八元至五二元	四〇元至四四元	江、浙、两湖	丝
陈长贵	新街口	一二〇〇元	四人	九元五角	一张	二〇疋	九元至三一元	一〇元至三四元	外埠	棉
刘炳南	五间厅	一二〇〇元	四人	九元五角	一张	一七疋	九元至三五元	一〇元至三八元	江西、两湖、江、浙	棉
张成业	陆家巷	三五〇〇元	七张	九元五角	二张	三五疋	三八元至四八元	四〇元至五二元	东三省	丝
胡锦祥	三茅宫	三五〇〇元	一一人	九元六角	三张	五二疋	九元至三五元	一〇元至一九元	蒙古、汉口、天津	棉

续表

号主	地址	资本	工人人数	每正工资	机数	全年出数	每正成本	每正售价	销路	类别
翁潮发	炉炉园	八〇〇元	一八人	一〇元	五张	九四疋	三八元至五一元	四〇元至五五元	广东、北平、东三省	丝
季广生	陆家巷	五〇〇元	一一人	一〇元	三张	六一疋	三九元至四八元	四一元至五二元	北平、汉口	丝
王家槐	陆家巷	五〇〇元	一一人	一〇元	三张	六一疋	三九元至四八元	四一元至五二元	北平、汉口	丝
王澄德	左所巷	三五〇元	七人	一〇元	二张	三五疋	四〇元至五二元	四二元至五五元	汉口、北平、天津	丝
马又松	老米桥	二二〇元	七人	九元五角	二张	三六疋	九元至四〇元	一一元四〇至三〇元	两湖、汉口、安徽	棉
戴长桢	明瓦廊	五〇〇元	一八人	一〇元	三张	五五疋	四〇元至五二元	四二元至五五元	北平、东三省、浙江、上海	丝
戴长林	明瓦廊	七〇〇元	一五人	一〇元	四张	八二疋	三八元至五二元	四〇元至五四元	营口、天津、汉口	丝
戴长森	明瓦廊	七〇〇元	一五人	一〇元	四张	八〇疋	四〇元至五二元	四二元至五五元	北平、东三省	丝
赵正杰	牌楼上	二四〇元	七人	九元五角	二张	三六疋	九元至四〇元	一〇元至四一元四〇元	蒙古、安徽、两湖	棉
吕国富	天主堂	五〇〇元	一一人	一〇元	三张	六〇疋	四〇元五〇至五二元	四二元至五五元	北平、东三省	丝
金盛兴	汉西门石桥	五〇〇元	一一人	一〇元	三张	五八疋	四〇元至五二元	四一元至五二元	北平、浙江	丝
姚子山	大香炉	三五〇元	七人	一〇元	二张	三六疋	四〇元至五二元	四二元至五四元	两湖、江、浙	丝
陈金鉴	大丰富巷	三五〇元	七人	一〇元	二张	三五疋	四〇元至五二元	四二元至五五元	东三省、浙江	丝
金松盛	明瓦廊	五〇〇元	一一人	一〇元	三张	五〇疋	三八元至五二元	四〇元至五四元	北平、两湖、天津	丝
刘文兴	明瓦廊	五〇〇元	一一人	一〇元	三张	六〇疋	四〇元至五二元	四一元至五五元	江苏、浙江、广东、北平	丝

续表

号主	地址	资本	工人人数	每疋工资	机数	全年出数	每疋成本	每疋售价	销路	类别
杜长海	明瓦廊	七〇〇元	一四人	一〇元	四张	七八疋	四〇元至五二元	四一元至五六元	东三省、北平	丝
谢国治	天主堂	三五〇元	一一人	九元五角	三张	五六疋	九元至三八元	一〇元至四〇元	江、浙、两湖、北平	棉
薛德源	老坊巷	三五〇元	七人	一〇元	二张	三五疋	四〇元至四八元	四一元至五〇元	东三省、北平	丝
王永金	双石鼓	三五〇元	一一人	九元五角	三张	六〇疋	九元至四〇元	一一元至四〇元	江、浙、北平、两湖	棉
周广钰	三茅宫	八〇〇元	一八人	一〇元	五张	九〇疋	四〇元至五二元	四二元至五六元	北平、上海、东三省	丝
杜金秋	明瓦廊	六五〇元	一五人	一〇元	四张	七六疋	三八元至五〇元	四〇元至五五元	天津、汉口、东三省	丝
毛维铺	陆家巷	六八〇元	一五人	一〇元	四张	七八疋	四〇元至五二元	四二元至五五元	湖南、湖北	丝
罗兆松	三道高井	五〇〇元	一〇人	一〇元	三张	五六疋	三九元至五二元	四〇元至五四元	江、浙、北平、东三省	丝
陈贵生	陆家巷	五〇〇元	一一人	一〇元	三张	五八疋	三八元至五一元	四〇元至五五元	天津、北平、汉口	丝
程德精	明瓦廊	五〇〇元	一一人	一〇元	三张	五八疋	四〇元至五二元	四一元至五五元	北平、东三省	丝
贾泰德	崔八巷	一二〇元	四人	九元五角	一张	一七疋	九元至三八元	一〇元至四〇元	扬属一带①、安徽	棉
严士富	天主堂	五〇〇元	一四人	九元五角	四张	七四疋	九元至四〇元	一一元至四〇元	扬属一带、安徽	棉
杜德清	虹桥	五〇〇元	一一人	一〇元	三张	五五疋	四〇元至四八元	四二元至五〇元	上海、两湖、天津	丝

① 原文作"杨属",根据全文判断,当指扬州一带,故改为"扬属",下同。

续表

号主	地址	资本	工人人数	每正工资	机数	全年出数	每正成本	每正售价	销路	类别
叶松林	新街口	三五〇元	七人	一〇元	二张	三五疋	三八元至三〇元	四〇元至三元	北平、两湖	丝
季有才	猫鱼市	一二〇元	四人	九元五角	一张	一八疋	九元至四四元〇元	一一元至四二元	扬属一带、安徽	棉
金松泉	明瓦廊	五〇〇元	一一人	一〇元	三张	五四疋	四〇元至四一元	四一元至三元	北平、东三省	丝
严家贵	三元巷	七〇〇元	一四人	一〇元	四张	七八疋	三八元至四〇元	四一元至三元	两湖、江、浙、东三省、北平	丝
陈先芝	小丰富巷	三五〇元	七人	一〇元	二张	三五疋	三八元至四五元二元	四〇元至三元	上海、天津、汉口	丝
倪昌荣	管家桥	三五〇元	七人	一〇元	二张	三六疋	四〇元至五二元	一二元至四三元	汉口、东三省、北平	丝
陈金钟	土街口	一六〇元	四人	一〇元	一张	一七疋	四〇元至四五元〇元	一二元至三元	天津、汉口、上海	丝
薛德金	老坊巷	一二〇元	四人	九元五角	一张	一七疋	九元五至三八元	一〇元至四〇元	安徽、蒙古	棉
吕起源	天主堂	三五〇元	一一人	一〇元	三张	六〇疋	九元五至四四元〇元	一〇元至四二元	安徽、东三省	棉
邢顺保	天主堂	五〇〇元	一四人	一〇元	四张	七八疋	九元至四一元〇元	一二元至四四元	扬属一带、安徽、蒙古	棉
李松海	天主堂	一二〇元	四人	九元五角	一张	一七疋	九元五至三八元	一〇元至四〇元	两湖、蒙古	棉
夏秀清	崔八巷	一二〇元	四人	九元五角	一张	一八疋	九元五至四〇元〇元	一〇元至四二元	两湖、北平	棉
李厚芝	双石鼓	一二〇元	七人	九元五角	二张	三六疋	九元五至四〇元〇元	一〇元至四三元	安徽、两湖	棉
杜长松	陆家巷	五〇〇元	一一人	一〇元	三张	六〇疋	四〇元五至五五元	四〇元至五五元二元	北平、东三省	丝
王锦泉	新街口	七〇〇元	一五人	一〇元	四张	八〇疋	四〇元五至五二元	四〇元至五五元	上海、北平、东三省	丝

续表

号主	地址	资本	工人人数	每疋工资	机数	全年出数	每疋成本	每疋售价	销路	类别
张学义	明瓦廊	二四〇元	七人	九元五角	二张	三六疋	九元至四〇元	一〇元至四〇元	扬属一带、汉口	棉
夏信贵	明瓦廊	七〇〇元	一五人	一〇元	四张	八二疋	四〇元至五〇元	四二元至五二元	东三省、汉口、北平	丝
王长源	双石鼓	五〇〇元	一一人	一〇元	三张	六二疋	三八元至五〇元	四〇元至五五元	北平、东三省	丝
丁长松	双石鼓	五〇〇元	一一人	一〇元	三张	七八疋	四〇元至五〇元	四二元至五三元	江、浙、天津、汉口	丝
朱聚贵	王府巷	五〇〇元	一一人	一〇元	三张	六一疋	四〇元至五〇元	四二元至五四元	江、浙、北平、汉口	丝
叶忠福	王府巷	五〇〇元	一一人	一〇元	三张	五八疋	三八元至五〇元	四〇元至五五元	北平、汉口、东三省	丝
叶义源	王府巷	二四〇元	七人	九元五角	二张	三五疋	九元至四〇元	一〇元至四〇元	扬属一带、安徽、蒙古	棉
倪昌林	土街口	三五〇元	七人	一〇元	二张	三六疋	四〇元至五〇元	四二元至五五元	上海、北平、汉口	丝
龙如棠	炉妃巷	七〇〇元	一五人	一〇元	四张	八〇疋	三八元至五〇元	四〇元至五五元	两湖、北平、东三省、江、浙	丝
陈永兴	三道高井	二四〇元	七人	九元五角	二张	三六疋	九元至四〇元	一〇元至四〇元	上海、安徽、两湖	棉
刘长庚	绒庄	五〇〇元	七人	一〇元	三张	六一疋	四〇元至五〇元	四二元至五五元	外埠客帮	丝
潘荣举	铜银巷	二四〇元	七人	九元五角	二张	三五疋	三八元至七元	一〇元至四〇元	西藏、蒙古、两湖、安徽	棉
陈明恒	崔八巷	一二〇元	四人	九元五角	一张	一八疋	三三元至八元	一〇元至四〇元	北平、东三省	棉
王如煌	陆家巷	五〇〇元	一一人	一〇元	三张	六二疋	四〇元至五〇元	四二元至五二元	天津、两湖、浙江	丝

续表

号主	地址	资本	工人人数	每正工资	机数	全年出数	每正成本	每正售价	销路	类别
张吉良	天主堂	五〇〇元	一一人	一〇元	三张	六〇疋	四〇元五至一元	四一元至五五元	上海、汉口、天津	丝
陶直生	陆家巷	三五〇元	七人	一〇元	二张	三六疋	四〇元五至〇元	四一元至五三元	湖南、天津	丝
陈春泉	丰富巷	一六〇元	四人	一〇元	一张	一八疋	四〇元至四八元	四一元至五〇元	两湖、天津	丝
朱正森	曹都巷	三五〇元	七人	一〇元	二张	三七疋	三八元至五元	四〇元至五一元	北平、汉口、东三省	丝
汪锦堂	钓鱼台	三五〇元	七人	一〇元	二张	三七疋	四〇元至五元	四一元至五三元	湖南、湖北、天津、上海	丝
宋建黄	船板巷	三五〇元	七人	一〇元	二张	三七疋	三八元至五二元	四〇元至五三元	两湖、浙江、北平	丝
陈子坤	崇恩街	三五〇元	七人	一〇元	二张	三五疋	四〇元至五四元	四一元至五四元	北平、东三省	丝
吕贵记	木料市	一六〇元	四人	一〇元	一张	一八疋	四〇元至五〇元	四一元至五二元	外埠	丝
吴永和	张府园	七〇〇元	一五人	一〇元	四张	八二疋	三八元至五二元	四〇元至五二元	上海、天津、两湖、浙江	丝
胡锦发	三茅宫	五〇〇元	一一人	一〇元	三张	六〇疋	四〇元至五元	四一元至五四元	上海、天津	丝
吕起宝	天主堂	三五〇元	七人	一〇元	二张	三六疋	四〇元至五元	四三元至五五元	北平、汉口、东三省	丝
井陉煜	小石桥	三五〇元	一一人	九元五角	三张	六一疋	九元至七元	一〇元至四〇元	天津、安徽、汉口	棉
马学才	双石鼓	一二〇元	四人	九元五角	一张	一八疋	九元至四〇元	一一元至四〇元	江、浙、北平、蒙古	棉
简广森	老米桥	八〇〇元	一七人	一〇元	五张	九四疋	三八元至五〇元	四〇元至五五元	天津、东三省、两湖、上海	丝
杨桂森	双石鼓	一二〇元	四人	九元五角	一张	一八疋	九元至三八元	一一元至四〇元	汉口、天津	棉

续表

号主	地址	资本	工人人数	每疋工资	机数	全年出数	每疋成本	每疋售价	销路	类别
徐福源	左所巷	一二〇元	四人	九元五角	一张	一七疋	九元三至七元	一〇元至四〇元	蒙古、西藏、两湖、江、浙	棉
施传生	左所巷	一二〇元	四人	九元五角	一张	一七疋	九元三至四〇元	一一元至四二元	蒙古、安徽、天津	棉
汤玉江	汉西门	一二〇元	四人	九元五角	一张	一八疋	九元三至三元	一〇元至四〇元	江、浙、两湖、东三省、北平	棉
袁煜斋	天主堂	一六〇元	四人	一〇元	一张	一七疋	三七元至一〇元	四〇元至五元	北平、上海	丝
姚子玉	汉西门	一二〇元	四人	九元五角	一张	一七疋	九元三至七元	一〇元至四〇元	天津	棉
罗兆春	二道高井	一七〇元	四人	一〇元	一张	一八疋	三八元至五〇元	四〇元至五〇元	天津、汉口	丝
罗善之	二道高井	一六〇元	四人	一〇元	一张	一八疋	三八元五五元	四四元至五五元	津、沪、上海、本京	丝
李锡祥	糖坊桥	一七〇元	七人	一〇元	二张	三六疋	三七元至五〇元	四〇元至五五元	汉口、上海、天津	丝
金松林	明瓦廊	一六〇元	一一人	一〇元	三张	六二疋	四〇元五三元	四二元至五四元	汉口、广东、东三省	丝
王长兴	双石鼓	一六〇元	七人	一〇元	三张	三五疋	四〇元五三元	四二元至五三元	两湖、两广	丝
王正荣	双石鼓	一二〇元	四人	九元五角	一张	一八疋	九元三至七元	一〇元至四〇元	北平、蒙古	棉
葛连福	陆家巷	一二〇元	四人	九元五角	一张	一八疋	九元三至八元	一〇元至四二元	西藏、东三省	棉
邹明亮	陆家巷	二四〇元	七人	九元五角	二张	三六疋	九元三至八元	一〇元至四四元	江、浙、西藏	棉
陈贵樑	陆家巷	三五〇元	七人	一〇元	二张	三五疋	三八元五〇元	四〇元至五三元	两湖、两广	丝
陈维新	陆家巷	一三〇元	四人	九元五角	一张	一八疋	九元三至四〇元	一〇元至四二元	蒙古、安徽	棉

续表

号主	地址	资本	工人人数	每正工资	机数	全年出数	每正成本	每正售价	销路	类别
萧正华	陆家巷	三五〇元	七人	一〇元	二张	三六疋	四〇元至五〇元	四二元至五〇三元	北平、江、浙	丝
汪家伦	陆家巷	二四〇元	七人	九元五角	二张	三六疋	九元至三七元	一〇元至四〇元	本京、扬属里下河	棉
戴长福	明瓦廊	三五〇元	七人	一〇元	二张	三七疋	三七元至五〇元	四〇元至五五元	汉口、上海、天津	丝
戴长黄	明瓦廊	二五〇元	七人	九元五角	二张	三五疋	九元至五〇元	一〇元至四〇元	四川、安徽、湖南	棉
杜复泰	明瓦廊	一八〇元	四人	一〇元	一张	一八疋	三八元至五〇元	四〇元至五五元	上海、天津	丝
谢焕文	明瓦廊	一六〇元	四人	一〇元	一张	一七疋	三七元至五〇元	四〇元至五四元	东三省、北平	丝
倪清源	土街口	二二〇元	四人	九元五角	一张	一八疋	九元至三八元	一〇元至四〇元	湖南、湖北、西藏、安徽	棉
薛宝柱	新街口	一七〇元	四人	一〇元	一张	一八疋	三八元至五〇元	四〇元至五五元	外埠	丝
王庭祥	小丰富巷	二四〇元	七人	九元五角	二张	三六疋	九元至五〇元	一〇元至四〇元	东三省、蒙古	棉
夏秀旺	小丰富巷	三六〇元	七人	一〇元	二张	三七疋	四〇元至五〇元	四二元至五八元	天津、上海	丝
朱锦荣	小丰富巷	一二〇元	四人	九元五角	一张	一八疋	九元至三九元	一〇元至四〇元	西藏、上海	棉
李盛富	小丰富巷	三五〇元	七人	一〇元	二张	三五疋	三八元至五〇元	四〇元至五五元	天津、东三省	丝
吕起炳	南台巷	七〇〇元	一四人	一〇元	四张	八〇疋	三七元至五〇元	四〇元至五五元	上海、汉口	丝
王福兴	易家桥	五〇〇元	一一人	一〇元	三张	六一疋	三八元至五〇元	四〇元至五五元	汉口、天津	丝
周兆祥	易家桥	一二〇元	四人	九元五角	一张	一八疋	九元至三七元	一〇元至四〇元	扬属里下河、安徽、蒙古	棉

续表

号主	地址	资本	工人人数	每疋工资	机数	全年出数	每疋成本	每疋售价	销路	类别
井永荣	崔八巷	三五〇元	七人	一〇元	二张	三六疋	三七元至四〇元	四〇元至五四元	上海、汉口	丝
井永华	崔八巷	一二〇元	四人	九元五角	一张	一七疋	九元至三九元	一〇元至四二元	西藏、安徽	棉
姚聚贵	木料市	一二〇元	四人	九元五角	一张	一七疋	九元至三七元	一〇元至四〇元	东三省、蒙古	棉
何永炳	木料市	一三〇元	四人	九元五角	一张	一八疋	九元至三七元	一〇元至四〇元	安徽、西藏	棉
吕国桢	南台巷	一二〇元	四人	九元五角	一张	一七疋	九元至三九元	一〇元至四二元	天津、汉口	丝
吕泰和	南台巷	一六〇元	四人	一〇元	一张	一七疋	三八元至五〇元	四〇元至五四元	上海、天津	丝
江春华	钓鱼台	一七〇元	四人	一〇元	一张	一八疋	三七元至三七元	四〇元至五四元	天津、汉口	丝
李长江	天主堂	三五〇元	七人	一〇元	二张	三五疋	三八元至三七元	四〇元至五四元	天津、东三省	丝
张炳兴	天主堂	五五〇元	一一人	一〇元	三张	六二疋	三七元至三七元	四〇元至五四元	广州、上海、汉口	丝
张成玉	天主堂	一二〇元	四人	九元五角	一张	一七疋	九元至三七元	一〇元至四〇元	汉口、西藏	棉
李锡孝	天主堂	一二〇元	四人	九元五角	一张	一七疋	九元至三八元	一〇元至四二元	安徽、蒙古	棉
严士龙	三茅宫	五〇〇元	一一人	一〇元	三张	六一疋	三七元至五〇元	四〇元至五四元	广州、上海、天津	丝
倪昌记	高家酒馆	一七〇元	四人	一〇元	一张	一八疋	三七元至四〇元	四〇元至五二元	江、浙、北平	丝
徐俊昭	明瓦廊	一三〇元	四人	九元六角	一张	一八疋	九元至四〇元	一〇元至四二元	上海、汉口	棉
万大顺	明瓦廊	三五〇元	七人	一〇元	二张	三六疋	三八元至五一元	四〇元至五四元	上海、天津、南京	丝

续表

号主	地址	资本	工人人数	每匹工资	机数	全年出数	每匹成本	每匹售价	销路	类别
裴瑞亭	三茅宫	一二〇元	四人	九元五角	一张	一七匹	九元至元九元	一〇元至四二元	扬属里下河、汉口	棉
严泰坤	大香炉	五〇〇元	一一人	一〇元	三张	六四匹	三七元至五〇元	四〇元至五五元	上海、汉口、天津、广州	丝
周春源	大香炉	三五〇元	七人	一〇元	二张	三六匹	四〇元至五〇元	四二元至五五元	上海、天津	棉
龙明发	炉妃巷	一七〇元	四人	一〇元	一张	一八匹	三八元至五〇元	四〇元至五四元	东三省、天津、北平	丝
陈锦炘	高井	一二〇元	四人	一〇元	一张	一八匹	九元至三七元	一〇元至四〇元	蒙古、汉口	棉
吕国林	天主堂	一一〇元	四人	九元五角	一张	一七匹	九元至三八元	一〇元至四〇元	北平、汉口	棉
吕国炎	天主堂	一二〇元	四人	九元五角	一张	一七匹	九元至三九元	一〇元至三二元	安徽、蒙古	棉
王长贵	双石鼓	一七〇元	四人	一〇元	一张	一八匹	三七元至四〇元	三九元至五五元	上海、天津	丝
王家隆	三道高井	一六〇元	四人	一〇元	一张	一九匹	四〇元至五〇元	四二元至五五元	江、浙、北平	丝
杨贵椿	新街口	一二〇元	四人	九元五角	一张	一八匹	九元至三七元	一〇元至四〇元	安徽、湖南	棉
张家才	五百户	一七〇元	四人	一〇元	一张	一七匹	三八元至五〇元	四〇元至五五元	北平、上海	丝
孙明荣	五百户	一六〇元	四人	一〇元	一张	一七匹	四〇元至五〇元	四二元至五五元	上海、汉口、本京	丝
张宏本	花露岗	一二〇元	四人	九元五角	一张	一八匹	九元至三七元	一〇元至四〇元	外埠	棉
魏正荣	崔八巷	一二〇元	四人	九元五角	一张	一九匹	九元至三九元	一〇元至四二元	汉口、西藏	棉
陈立桢	小丰富巷	一二〇元	四人	九元五角	一张	一八匹	九元至四〇元	一〇元至四二元	安徽、蒙古、湖南	棉

续表

号主	地址	资本	工人人数	每匹工资	机数	全年出数	每匹成本	每匹售价	销路	类别
吕保泰	井家苑	一七〇元	四人	一〇元	一张	一七疋	三六元至五〇元	四〇元至四五〇元	杭州、本京	丝
贡祥泰	三条营	一二〇元	四人	九元五角	一张	一八疋	九元三角至三二元	一〇元至四二元	北平、东三省	棉
刘承鉴	五百户	三五〇元	七人	一〇元	二张	三五疋	三七元至五〇元	四〇元至四五〇元	北平、江、浙	丝
丁长春	五百户	一二〇元	四人	九元五角	一张	一七疋	九元至三七元	一〇元至四〇元	安徽、湖南	棉
王炳祥	三茅宫	一二〇元	四人	九元五角	一张	一七疋	九元至三九元	一〇元至四四元	上海、汉口	棉
胡铭顺	三茅宫	一二〇元	七人	九元五角	二张	三六疋	九元至四〇元	一〇元至四四元	天津	棉
刘永泰	五百户	一六〇元	四人	一〇元	一张	三六疋	三八元至五〇元	四〇元至四五〇元	天津、东三省	丝
夏松圻	三茅宫	一二〇元	四人	九元五角	二张	一七疋	九元至三八元	一〇元至四〇元	安徽、汉口	棉
徐书乐	武学园	一二〇元	四人	九元五角	一张	一七疋	九元至四〇元	一〇元至四二元	蒙古、西藏	棉
李锡之	天主堂	一二〇元	四人	九元五角	一张	一七疋	九元至四〇元	一〇元至四二元	蒙古、西藏	棉
夏永平	明瓦廊	一六〇元	四人	一〇元	一张	一八疋	四〇元至五〇元	四二元至五〇元	上海、天津	丝
张成兴	陆家巷	一二〇元	四人	九元五角	一张	一八疋	九元至三九元	一〇元至四四元	汉口、天津	棉
王修其	陆家巷	一六〇元	四人	一〇元	一张	一八疋	三七元至五〇元	四〇元至四四元	上海、天津	丝
丁祥来	上甸村	一七〇元	四人	一〇元	一张	一七疋	三九元至五〇元	四二元至四四元	两湖、两广	丝
杜德昭	余粮庄	一六〇元	四人	一〇元	一张	一七疋	四〇元至五〇元	四二元至四四元	天津、上海	丝

续表

号主	地址	资本	工人人数	每疋工资	机数	全年出数	每疋成本	每疋售价	销路	类别
王启良	余粮庄	一六〇元	四人	一〇元	一张	一八疋	四〇元至五〇元	四二元至五四元	杭州、天津	丝
曹金记	沈家岗	一六〇元	四人	一〇元	一张	一七疋	四〇元至五〇元	四二元至五四元	上海、汉口、天津	丝
胡福亭	沈家岗	一六〇元	四人	一〇元	一张	一七疋	三八元至五〇元	四〇元至五四元	苏州、上海	丝
程德圻	明瓦廊	一六〇元	四人	一〇元	一张	一八疋	三八元至五〇元	四〇元至五四元	上海、天津	丝
程德炳	明瓦廊	一二〇元	四人	九元五角	一张	一八疋	九元至三七元	一〇元至四〇元	安徽、西藏	棉
田兴荣	马群	一七〇元	四人	一〇元	一张	一七疋	三八元至五〇元	四〇元至五三元	广州、汉口、天津	丝
高韶记	孝陵卫	一二〇元	四人	九元五角	一张	一七疋	九元至三八元	一〇元至四〇元	江、浙、两湖	棉
张明叶	龚家桥	一二〇元	四人	九元五角	一张	一八疋	九元至三七元	一〇元至四〇元	汉口、天津	棉

二、首都建绒业概况统计表

机户总数	一百六十七家
机数	三百二十九张
资本总数	四万九千四百三十元
工人总数	一千二百另七人
每疋工资平均数每疋二丈计算	九元七角五分
每疋平均价值每疋二丈	十七元二角五分
每年出品总数	六千一百八十九疋
每年出品总值	二十三万另五百四十元二角五分

第四章　染丝业

第一节　染丝业之概况

南京染色以元称著,故丝上所染色泽以黑色为大宗,杂色者不多。就十八年度调查所得,染业户数共四十九,而杂色者居三之一,染丝总数共三百四十五万三千余两,而杂色者占十四分之一,是以京缎概属元色。至染法则以无清洁水源,故难染鲜明之色。普通染黑色时用橡椀、槐米等之植物染料,及五棓子液之媒染,与夫硫酸铁、炭酸钠等之助剂,可得纯厚坚实之色彩。亦有先用苏木、明矾、莲青等染成石青色后,加染元色者。亦有先用莲青,再入靛缸,染成真青色后,加染元色者。此二染法,较普通所染黑色益形美观,市上所谓上等元色者,均由此二法染成者也。至染红色时,则用红花、姜黄或桃丹、苏木、明矾等以染成之。染其他各色时,则用直接盐基酸性等之化学染料以染成之。

染价经纬各异,经丝每庄二百八十两,平均价值十元二角五分;纬丝每百两平均价值五元七角五分。全城染丝业之资本共十四万一千余元,工人共二百二十余人,工资每人每年约三百元。

归纳以上情形,就资本而言,则四十九家之资本不过十四万有奇,每家平均资本不及三千元,可谓微矣。就染价而言,则经丝每两不及四分,纬丝每两不及六分,可谓廉矣。惟因染价既低,而缎业之应用粉丝,染时增加工作手续,更与染业影响不少。每有抽取生丝若干,以为工资不足之代偿而资挹注者。于是相沿成习,缎号与染坊之间结价既苛,争议时闻。

为染业前途着想,一方整顿同业,清除积弊;一方当与缎号磋商,应有适当工资,不能再以不规则之所得,视为工资之一部分,以为利益者也。

第二节　染色

京缎以元色著名,世人每以秦淮河水宜于染元为言。实则秦淮河与玄武湖水息息相通,湖内石莲生产极多,石莲内含有单宁质,腐化于水,于染色上有媒染作用。惟水色不纯,只宜于染元耳。南京之元,得与镇江大红、苏州彩色、西湖青色并称者,职是故也。

至染丝经之染坊,多在南城东西两隅,元色染物居其十分之九。北城沐府西门一带,有染杂色者,为数不多。本京较大缎号,则皆附设染坊,其他则发染于营染坊专业者。凡丝经未染之前,经丝则摇之成庄,然后分发于染坊。其元色经每庄约重二百八十两,乃至三百两。而纬丝染时,则以每百两计也。现在染业因缎业不振之影响,染物减少,调查时闻之人言,营业不及前年十分之六云。

第三节　染法

纬丝染法,先将橡椀置于锅内,煮之历五句钟,滤其汁;将丝投入锅内,煮之约二句钟,由锅中将丝捞出,置于粗竹竿上晒之。俟干,将丝再和以橡椀汁(俗名脱汁)放于锅中煮之约半句钟后,将丝下矾缸约二小时,复置于锅中煮之(俗名复锅),将矾水退去,再浸于棓水缸中(即染经所剩之棓水)一次。再将丝放于河水漂之,漂过以木棍撬干,再加杜棓水浸之,置于地面约二日(俗名缩棓)。再将丝放于河内漂之后,将熟小粉浆浸透,撬干晒之。最后加茶油少许,及多量之生小粉浆、少许之熟小粉浆,以手揉丝,使和透,并以脚踹之使匀。再置于竹竿上日中晒之,元色之丝乃成。

经之染法,先将经丝置于锅中,以口碱一斤和水烫之(俗名练经),并以猪胰和水洗之。因蚕丝附有胶质,故以胰炼之以后,再漂于河水。漂后再于明矾水缸中约二点钟后,以木棍撬干。再置于缸内,和以槐米汁,待其浸透,下锅煮之(俗名做黄)。复和以湘矾水浸之以后,置于地面约一日(俗名缩黄)。第二日将所浸之经丝置于石灰缸内浸透,随即放于河水漂之。漂过,再将所染之经丝浸于湘矾缸内约一点钟,再放于河水漂之。漂过,即以棓水汁浸之(俗名烫棓)约半点钟,再置于地面(俗名缩棓)约三日。再加棓水汁浸之又三天,再加棓水汁浸之。再放于河内漂之,漂过。如此共三次以后,撬干,和以熟小粉浆,置于竹竿上晒之,元色之经即成。

染纬丝每百两所用之原料

原料	分量	价值
巴河橡椀	四十斤	约大洋三元
杜培水	五斤	约大洋二元七角五分
茶油	十二两	约大洋六角
矾	一斤	约大洋一角五分
小粉	三十两	约大洋四角
中兴煤	九十斤	约大洋一元
外工食约一元		

染经丝每庄所用之原料

原料	分量	价值
杜培	十四斤	约大洋七元七角
槐米	十斤	约大洋一元三角
猪胰	三两计一个半	约大洋一角五分
明矾	二十六两	约大洋一角
盖矾鲁省出产	五斤	约大洋九角
口碱	一斤至十四两	约大洋五分
水矾湘省出产	二斤	约大洋五角
石灰浆	一斤	约大洋三分
油号线即麻线		约大洋四角七分
外工食二元		

纬丝分清水、粉丝两种。上表所列原料系最寻常者,每百两之丝约染成二百两粉丝,今将种类开列如左。

	所用之粉料		
	生浆 即生小粉浆	熟浆 即熟小粉浆	茶油
丝每百两加八 即丝一百两外加八十两，染业名 之曰清水丝	十两	二十四两	十二两
丝每百两对出 即丝一百两外加一百两，染业名 之曰粉丝	三十两	二十两	十六两
丝每百两对二 即丝一百两外加一百二十两，染 业名之曰粉丝	十六两	十八两	二十二两
丝每百两对五 即丝一百两外加一百五十两，染 业名之曰粉丝	九十两	十六两	二十八两
丝每百两对八 即丝一百两外加一百八十两，染 业名之曰粉丝	一百三十两	十四两	三十六两

第四节　染色原料

槐米

槐米，乃槐花之未开者，即槐树之花蕾，为山东、山西、河南等处之特产。尤以山东省在各出产地中首屈一指，含有一种媒染性之黄色色素及单宁质糖质少许。

橡椀

橡椀为柞树（或称橡树）果实之壳，亦称柞实，又有橡壳、橡斗、柞子、栎球、皂斗诸名，上等者含有单宁分二〇至三〇％[1]及色素少许。

---

[1]　此写法遵照原文，下同。

五棓子

五棓子之性质,在《开宝本草》所载,以为草类。嘉祐补注《本草》则作为木类。李时珍集《本草》之大成,则以其为树叶上小虫所造,归入虫部,谓为盐肤木及拂烟树叶上小虫所结之球汇。上等品含有单宁分五〇至七〇%,可供染色上之媒染剂及染色用。南京染坊以其浸出之水,称每杜棓水。

矾

矾系指硫酸铁而言,山东省所产者则称盖矾,湖南省所产者则称水矾,均系不纯品。

口碱

口碱系炭酸钠之不纯品。

附表

一、首都染丝业调查表

染坊	号主	地址	资本	工人人数	每人每年工资	染灶缸数	全年染经总数	全年染丝总数	价目	染色
魏广兴	魏梅荪	梁家巷	五〇〇〇元	八人	三〇〇元	染灶二只	二〇〇庄	八〇〇〇〇两	丝七元 经一二元	元色
裕昌祥	张大经	谢公祠	三〇〇〇元	四人	三〇〇元	染灶二只	一二〇庄	二五〇〇〇两	丝六元 经一一元	元色
义和隆	曹家祺	五福横首	三〇〇〇元	六人	三〇〇元	染灶二只	一七〇庄	二〇〇〇〇两	丝七元 经一一元	元色
鑫盛公	徐应禄	孝顺里	四〇〇〇元	六人	三〇〇元	染灶二只	一五〇庄	五五〇〇〇两	丝六元 经一〇元	元色
周聚兴	周大富	孝顺里	一〇〇〇元	二人	三〇〇元	染灶二只	三〇庄	一八〇〇两	丝六元 经一〇元	元色
和记	吴月仙	侍屈巷	六〇〇〇元	八人	三〇〇元	染灶二只	四〇〇庄	八五〇〇〇两	丝六元 经一二元	元色
德义长	张锡如	钓鱼台	三〇〇〇元	四人	三〇〇元	染灶二只	一三〇庄	三〇〇〇〇两	丝六元 经一二元	元色
朱姓源	朱明之	沐府西门	一〇〇〇元	二人	三〇〇元	染缸一〇只	八庄	一五〇〇两	丝四〇元五角 经八元	杂色

续表

染坊	号主	地址	资本	工人人数	每人每年工资	染灶缸数	全年染经总数	全年染丝总数	价目	染色
薛德茂	薛子元	沐府西门	七〇〇元	一人	三〇〇元	染灶六只	五庄	一〇〇〇两	丝四元 五角 经八元	杂色
胡协和	胡锡三	沐府西门	一〇〇〇元	一人	三〇〇元	染缸四只	六庄	八〇〇两	丝四元 五角 经八元	杂色
朱复和	朱炳元	莲花桥	二〇〇〇元	四人	三〇〇元	染缸一二只	一〇庄	三五〇〇两	丝四元 五角 经八元	杂色
徐聚全	徐炳三	三眼井	一〇〇〇元	二人	三〇〇元	染缸四只	七庄	一〇〇〇两	丝四元 五角 经八元	杂色
俞万森	俞仲	鸡鹅巷	一〇〇〇元	二人	三〇〇元	染缸四只	五庄	六五〇两	丝四元 五角 经八元	杂色
王顺隆	王万生	鸡鹅巷	八〇〇元	一人	三〇〇元	染缸三只	四庄	五二〇两	丝四元 五角 经八元	杂色
夏元大	夏鉴之	马劳苑	六〇〇〇元	六人	三〇〇元	染灶二只	三〇〇庄	六〇〇〇〇两	丝六元 经九	元色

续表

染坊	号主	地址	资本	工人人数	每人每年工资	染灶缸只数	全年染经总数	全年染丝总数	价目	染色
艾祥兴	艾福如	大油坊巷	二〇〇〇元	二人	三〇〇元	染灶二只	八〇庄	二〇〇〇〇两	丝六·〇元 经一·〇元	元色
王万源	王作金	大油坊巷	一〇〇〇元	二人	三〇〇元	染缸二只	一二庄	六〇〇〇两	丝四〇元 五角 经一〇元	天青、石青、洋盘、大红
森泰	刘发义	钓鱼台	四〇〇〇元	一二人	三〇〇元	染灶二只	二五〇庄	五六〇〇〇两	丝六·〇元 经一·〇元	元色
卞复全	卞志同	鸡鹅巷	一〇〇〇元	二人	三〇〇元	染缸一〇只	一五庄	二〇〇〇两	丝三·〇元 经三·六元	大红、连青、黄青、灰色、蓝绿、黄
赵亿和	赵启禄	冰府西门	一〇〇〇元	三人	三〇〇元	染缸八只	一〇庄	二〇〇〇两	丝三·〇元 经三·六元	杂色
陶元隆	陶四喜	冰府西门	八〇〇元	一人	三〇〇元	染缸四只	五庄	一二〇〇两	丝四·〇元 五角 经八·〇元	杂色
正和	陶立汉	上浮桥	二五〇〇元	三人	三〇〇元	染灶二只	一五〇庄	二〇〇〇〇两	丝六·一二元 经一·二元	元色
王荣全	王云章	牛市	四〇〇〇元	三人	三〇〇元	染缸一〇只	四〇庄	一〇〇〇〇两	丝一·〇元 经一·〇元	真青、石青、蓝脚
芮荣泰	芮明之	莨街	二五〇〇元	六人	三〇〇元	染缸八只	二〇庄	三〇〇〇〇两	丝一·〇元 经九·一元	真青、石青、蓝脚

续表

染坊	号主	地址	资本	工人人数	每人每年工资	染灶缸数	全年染经总数	全年染丝总数	价目	染色
张荣大	张德山	石灰巷	一五〇〇元	二人	三〇〇元	染缸二只	四〇庄	一〇〇〇〇两	丝六元 经九元	元色
于朴记	于朴安	四圣堂	四〇〇〇元	五人	三〇〇元	染灶三只	八〇庄	四〇〇〇〇两	丝七元 经一二元	元色
义元公	韩志望	鸭子堂	八〇〇〇元	九人	三〇〇元	染灶三只	六〇〇庄	一〇〇〇〇〇两	丝七元 经一一元	元色
松茂盛	蒋长生	豆腐巷	五〇〇〇元	六人	三〇〇元	染灶三只	二五庄	五〇〇〇〇两	丝六元 经一〇元	元色
春生祥	张大生	磨盘街	四〇〇〇元	六人	三〇〇元	染灶二只	二〇〇庄	四〇〇〇〇两	丝六元 经一一元	元色
源泰祥	唐以筹	磨盘街	三〇〇〇元	四人	三〇〇元	染灶二只	一五〇庄	二五〇〇〇庄	丝六元 经一〇元	元色
荣茂	郭彭高	饮高巷	二五〇〇元	五人	三〇〇元	染灶二只	一五四庄	一五〇〇〇两	丝六元 经一〇元	元色
同丰隆	王伯庚	饮高巷	五〇〇〇元	八人	三〇〇元	染灶三只	三〇〇〇元	六〇〇〇〇两	丝七元 经一二元 丝五角	元色
王同兴	王志元	胭脂巷	三〇〇〇元	四人	三〇〇元	染灶三只	一〇〇庄	二〇〇〇〇两	丝六元 经一二元	元色
福记	李金玉	船板巷	四〇〇〇元	六人	三〇〇元	染灶二只	一五〇庄	四〇〇〇〇两	丝六元 经一二元	元色

续表

染坊	号主	地址	资本	工人人数	每人每年工资	染灶缸数	全年染经总数	全年染丝总数	价目	染色
吴坤泰	吴思坤	黄册库	六〇〇〇元	六人	三〇〇元	染灶三只	三五〇庄	七五〇〇〇两	丝六元 经一一	元色
于德记	于少彰	钓鱼台	五〇〇〇元	一一人	三〇〇元	染灶三只	三〇〇庄	七〇〇〇〇两	丝六元 经一二	元色
裕昌	胡四家	鸭子堂	一〇〇〇元	二人	三〇〇元	染灶二只	三〇庄	一〇〇〇〇两	丝六元 经一〇	元色
裕丰昌	魏正一	鸭子堂	二〇〇〇元	三人	三〇〇元	染灶二只	六〇庄	一五〇〇〇两	丝六元 经一〇	元色
坤源	戴承生	上浮桥	三〇〇〇元	六人	三〇〇元	染灶二只	一五〇庄	三五〇〇〇两	丝六元 经一〇	元色
协兴公	叶金生	施家巷	四〇〇〇元	五人	三〇〇元	染灶三只	一五〇庄	四五〇〇〇两	丝六元 经一〇	元色
椿源祥	褚玉喜	库司坊	一五〇〇元	三人	三〇〇元	染灶二只	四六庄	七五〇〇两	丝六元 经一〇	元色
源茂祥	汪成良	磨盘街	三〇〇〇元	四人	三〇〇元	染灶二只	一二〇庄	二〇〇〇〇两	丝六元 经一〇	元色
震泰	刘立伦	大油坊巷	一〇〇〇元	三人	三〇〇元	染缸四只	四〇庄	一五〇〇两	丝四元五角 经九元	黑青、天青
沈天祥	沈小山	转龙车	一〇〇〇元	五人	三〇〇元	染缸一二只 灶一	二〇庄	八〇〇〇两	丝四元五角 经一二九元①	杂色

① 当地户产"好""三九色"

续表

染坊	号主	地址	资本	工人人数	每人每年工资	染灶缸数	全年染经总数	全年染丝总数	价目	染色
生泰祥	魏为记	边营	一〇〇〇元	七人	三〇〇元	染灶三只	二五〇庄	六〇〇〇〇两	丝六元 经一〇元	元色
同泰和	陈文才	大井	一五〇〇元	二人	三〇〇元	缸二只 染灶一	三〇庄	一三〇〇〇两	天青经二〇 元六角 黑青经九元 丝四元五角	杂 元色
福源祥	邢贵福	五板桥	二〇〇〇元	四人	三〇〇元	染灶三只	一五〇庄	三〇〇〇〇两	丝六 经一〇元	元色
福和	李耀南	饮马巷	六〇〇〇元	一一人	三〇〇元	染灶三只	七〇〇庄	一四〇〇〇〇两	丝七 经一二元	元色
聚茂恒	张祥芝	梁家巷	三八〇〇元	六人	三〇〇元	染灶二庄	四五〇〇庄	四五〇〇〇两	丝七 经一二元	元色

二、首都染丝业概况统计^①表

染号总数	四十九家
染灶总数染元色者	七十五座
染缸总数染杂色者	一百另三只
资本总数	大洋一十四万一千一百元
工人总数	二百二十四人
工资平均数	每人每年大洋三百元
每年染丝总数	三百四十五万三千一百三十两
经丝六六九七庄，每庄平均以二百八十两计算	一百八十七万五千一百六十两
纬丝	一百五十七万七千九百七十两
染价平均数 经丝每二百八十两	大洋十元二角五分
纬丝每一百两	大洋五元七角五分

三、首都染丝业每年总数色别比较表

元色	三百二十一万四千一百两
经丝	六千四百六十庄以每庄二百八十两计算
	共一百八十万八千八百两
纬丝	共一百四十万五千三百两
经纬丝总计	三百二十一万四千一百两
杂色	二十三万九千另三十两
经丝	二百三十七庄以每庄二百八十两计算
	共六万六千三百六十两
纬丝	共十七万二千六百七十两
经纬丝总计	二十三万九千另三十两
每年染丝总数经纬合计	共三百四十五万三千一百三十两

---

① 原文作"记"。

"南京稀见文献丛刊"
已出书目

1. 《六朝事迹编类·六朝通鉴博议》　　　　　　（宋）张敦颐；（宋）李焘
2. 《六朝故城图考》　　　　　　　　　　　　　　　　（清）史学海
3. 《梁代陵墓考·六朝陵墓调查报告》
　　　　　　（清末民初）张璜；（民国）中央古物保管委员会编辑委员会
4. 《南唐二主词》　　　　　　　　　　　　　　　　（南唐）李璟，李煜
5. 《钓矶立谈·江南别录·江表志》
　　　　　　　　　　　　（宋）佚名；（宋）陈彭年；（宋）郑文宝
6. 《南唐书（两种）》　　　　　　　　　　　　　　（宋）马令；（宋）陆游
7. 《南唐二陵发掘报告》　　　　　　　　　　　　　　　南京博物院
8-11. 《景定建康志》　　　　　　　　　　　　　　　　　（宋）周应合
12. 《南京·南京》　　　　　　　　　　　　（明）解缙；（民国）李邵青
13. 《洪武京城图志·金陵古今图考》　　　　　　（明）礼部；（明）陈沂
14. 《明太祖功臣图》　　　　　　　　　　　　　　　　　（清）上官周

85

15. 《金陵百咏·金陵杂兴·金陵杂咏·金陵百咏(外一种)》

(宋)曾极;(宋)苏泂;(清)王友亮;(清)汤濂

16. 《献花岩志·牛首山志·栖霞小志·覆舟山小志》

(明)陈沂;(明)盛时泰;(明)盛时泰;(民国)汪阆

17. 《金陵世纪·金陵选胜·金陵览古》

(明)陈沂;(明)孙应岳;(清)余宾硕

18. 《后湖志》　　　　　　　　　　　　　　　　(明)赵官等

19. 《金陵旧事·凤凰台记事》　　　　　(明)焦竑;(明)马生龙

20. 《金陵琐事·续金陵琐事·二续金陵琐事》　　　(明)周晖

21. 《客座赘语》　　　　　　　　　　　　　　　(明)顾起元

22—24. 《金陵梵刹志》　　　　　　　　　　　　　(明)葛寅亮

25. 《金陵玄观志》　　　　　　　　　　　　　　(明)葛寅亮

26. 《留都见闻录·金陵待征录》　　　　(明)吴应箕;(清)金鳌

27. 《板桥杂记·续板桥杂记·板桥杂记补》

(明末清初)余怀;(清)珠泉居士;(清末民初)金嗣芬

28. 《建康古今记》　　　　　　　　　　　　　　(清)顾炎武

29. 《随园食单· 白门食谱· 冶城蔬谱· 续冶城蔬谱》

(清)袁枚;(民国)张通之;(清末民初)龚乃保;(民国)王孝煃

30. 《钟山书院志》　　　　　　　　　　　　　　(清)汤椿年

31. 《莫愁湖志》　　　　　　　　　　　　　　　(清)马士图

32. 《金陵览胜诗考》　　　　　　　　　　　　　(清)周宝偀

33. 《秣陵集》　　　　　　　　　　　　　　　　(清)陈文述

34. 《摄山志》　　　　　　　　　　　　　　　　(清)陈毅

35. 《抚夷日记》　　　　　　　　　　　　　　　(清)张喜

36.《白下琐言》 (清)甘熙

37.《灵谷禅林志》 (清)甘熙、谢元福,(民国)佚名

38.《承恩寺缘起碑板录·律门祖庭汇志·扫叶楼集·金陵乌龙潭放生池古迹考》

(清)释鹰巢;(清末民初)释辅仁;(民国)潘宗鼎;(民国)检斋居士

39.《教谕公稀龄撮记·可园备忘录·凤叟八十年经历图记》

(清)陈元恒,(清末民初)陈作霖;(清末民初)陈作霖,

(民国)陈祖同、陈诒绂;(清末民国)陈作仪

40-42.《南京愚园文献十一种》 (清)胡恩燮,(民国)胡光国 等

《白下愚园集》 (清)胡恩燮等,(民国)胡光国

《白下愚园续集》 (清)张之洞等,(民国)胡光国

《白下愚园续集(补)》 (清)潘宗鼎等,(民国)胡光国

《愚园宴集诗》 (清)潘任等

《白下愚园题景七十咏》 (清)胡恩燮,(民国)胡光国

《愚园楹联》 (民国)胡光国

《白下愚园游记》 (民国)吴楚

《愚园题咏》 (民国)胡韵冀

《愚园诗话》 (民国)胡光国

《愚园丛札》 佚名

《灌叟撮记》 (民国)胡光国

43.《江宁府七县地形考略·上元江宁乡土合志》 (清末民初)陈作霖

44-45.《金陵琐志九种》 (清末民初)陈作霖,(民国)陈诒绂

《运渎桥道小志》 (清末民初)陈作霖

《凤麓小志》 (清末民初)陈作霖

《东城志略》 (清末民初)陈作霖

《金陵物产风土志》 (清末民初)陈作霖

《南朝佛寺志》 (清末民初)孙文川,陈作霖

《炳烛里谈》 (清末民初)陈作霖

《钟南淮北区域志》 (民国)陈诒绂

《石城山志》 (民国)陈诒绂

《金陵园墅志》 (民国)陈诒绂

46-47.《秦淮广纪》 (清)缪荃孙

48.《盋山志》 (清)顾云

49.《金陵关十年报告》 (清末民国)金陵关税务司

50.《金陵杂志·金陵杂志续集》 (清末民初)徐寿卿

51.《南洋劝业会游记》 (民国)商务印书馆编译所

52.《新京备乘》 (民国)陈迺勋,杜福堃

53.《金陵岁时记·岁华忆语》 (民国)潘宗鼎;(民国)夏仁虎

54.《秦淮志》 (民国)夏仁虎

55.《雨花石子记》 (民国)王猩酋

56.《金陵胜迹志》 (民国)胡祥翰

57.《瞻园志》 (民国)胡祥翰

58.《陷京三月记》 (民国)蒋公穀

59.《总理陵园小志》 (民国)傅焕光

60.《金陵名胜写生集》 (民国)周玲荪

61.《丹凤街》 (民国)张恨水

62.《新都胜迹考》 (民国)周念行,徐芳田

63.《金陵大报恩寺塔志》 (民国)张惠衣